ICS 01.140
A 14
备案号:50640－2015

WH

中华人民共和国文化行业标准

WH/T 72—2015

图书馆数字资源长期保存信息包封装规范

Information package encoding standard for the long-term preservation of library digital resources

2015－07－03 发布 2015－08－01 实施

中华人民共和国文化部 发布

图书在版编目(CIP)数据

WH/T 72—2015 图书馆数字资源长期保存信息包封装规范/中华人民共和国文化部发布. --北京:国家图书馆出版社,2016.4

中华人民共和国文化行业标准

ISBN 978-7-5013-5749-9

Ⅰ.①W… Ⅱ.①中… Ⅲ.①数字图书馆—信息资源—信息存贮—规范—中国 Ⅳ.①G250.76-65

中国版本图书馆 CIP 数据核字(2015)第 292036 号

书　　名　WH/T 72—2015 图书馆数字资源长期保存信息包封装规范
著　　者　中华人民共和国文化部　发布
责任编辑　高　爽　王炳乾

出　　版　国家图书馆出版社(100034　北京市西城区文津街 7 号)
　　　　　(原书目文献出版社　北京图书馆出版社)
发　　行　010-66114536　66126153　66151313　66175620
　　　　　66121706(传真),66126156(门市部)
E-mail　nlcpress@ nlc. cn(邮购)
Website　www. nlcpress. com ——→投稿中心
经　　销　新华书店
印　　装　北京科信印刷有限公司
版　　次　2016 年 4 月第 1 版　2016 年 4 月第 1 次印刷

开　　本　889×1194(毫米)　1/16
印　　张　6.25
字　　数　130 千字

书　　号　ISBN 978-7-5013-5749-9
定　　价　60.00 元

目　　次

前　　言

本标准按照 GB/T 1.1—2009 给出的规则起草。

请注意本文件的某些内容可能涉及专利。本文件的发布机构不承担识别这些专利的责任。

本标准由中华人民共和国文化部提出。

本标准由全国图书馆标准化技术委员会(SAC/TC 389)归口。

本标准起草单位:国家图书馆、清华大学图书馆、中国电子技术标准化研究院。

本标准起草人:魏大威、姜爱蓉、杨东波、董晓莉、童庆钧、郑小惠、高麟鹏、吴静、杨凡。

引　　言

本标准根据开放存档信息系统(Open Archival Information System,OAIS)以及美国国会图书馆编制维护的元数据编码与传输标准(Metadata Encoding and Transmission Standard,METS)制定,将用于图书馆数字资源长期保存系统,作为系统中数字资源封装和传递的规范。

图书馆数字资源长期保存信息包封装规范

1　范围

本标准规定了图书馆数字资源长期保存信息包的构成、术语和定义以及信息包的封装细则，作为系统中数字资源封装和传递的规范。

本标准适用于图书馆及其他信息服务机构，在构建数字资源保存系统中作为数字资源传输与封装编码标准，以促进系统之间的互操作。

2　规范性引用文件

下列文件对于本文件的应用是必不可少的。凡是注日期的引用文件，仅所注日期的版本适用于本标准。凡是不注日期的引用文件，其最新版本（包括所有的修改版）适用于本文件。

METS Schema，version 1.9.1，2013 [EB/OL]. [2014－05－08]. http://www.loc.gov/standards/mets/version191/mets.xsd

PREMIS Preservation Metadata Schema，version 2.2，2012 [EB/OL]. [2014－05－08]. http://www.loc.gov/standards/premis/v2/premis.xsd

3　术语和定义

下列术语和定义适用于本文件。

3.1

开放存档信息系统　open archival information system，OAIS

为构建数字信息长期保存和维护的存档系统提供概念性框架的参考模型。

注：开放存档信息系统包括信息摄入（接收）、档案存储、数据管理、存取和分发，论述了数字信息从一种媒体或格式到另一媒体或格式的迁移、信息表示的数据模型、信息保存中软件的作用、存档系统间的信息交换等。

[ISO 14721:2012，术语和定义 1.7.2]

3.2

信息包　information package

数字对象及其相关联的元数据组成的、数据和元数据共同封装成的逻辑包。

注：信息包有三种：**提交信息包（3.3）**、**存档信息包（3.4）**和**分发信息包（3.6）**。

[ISO 14721:2012，术语和定义 1.7.2]

3.3

提交信息包　submission information package, SIP

由生产者提交给 OAIS,包括内容信息和**保存描述信息(3.5)**的信息包。

[ISO 14721:2012,术语和定义 1.7.2]

3.4

存档信息包　archival information package, AIP

保存于 OAIS 系统中,由内容信息及其相关的**保存描述信息(3.5)**构成的信息包。

[ISO 14721:2012,术语和定义 1.7.2]

3.5

保存描述信息　preservation description information, PDI

内容信息长期保存所必要的信息,包括数字起源、引用、访问权限等信息。

[ISO 14721:2012,术语和定义 1.7.2]

3.6

分发信息包　dissemination information package, DIP

来源于一个或多个**存档信息包(3.4)**的,由 OAIS 发送给消费者的信息包。

[ISO 14721:2012,术语和定义 1.7.2]

3.7

封装　packaging

将内容信息和保存描述信息绑定在一个逻辑包中,将 AIP 的各部分相关联,使其可以在存档系统中作为一个逻辑单位被识别和定位。

3.8

元数据编码与传输标准　metadata encoding and transmission standard, METS

一种 XML 格式的元数据编码标准,适于仓储内部数字对象的管理,以及这些对象在仓储之间(或仓储与用户之间)的交换。

4 信息包封装细则

4.1 概述

基于 METS 文档封装的信息包由 7 个 METS 节(section)组成:

a) METS 头(METS header):包含描述 METS 文档自身的元数据,如创建者、编辑者等。

b) 描述元数据(descriptive metadata):可以指向 METS 文档外部的描述元数据,也可以在 METS 文档内部嵌入描述元数据,或二者兼有。

c) 管理元数据(administrative metadata):提供管理元数据信息,既可以位于 METS 文档外部,也可以编码在 METS 文档内部。

d) 文件节(file section):列出数字对象的所有内容文件。

e) 结构图(structural map):表达数字对象的层次结构,并将该结构中的元素与相应的内容文件和元数据关联。

f) 结构链接(structural links):可记录结构图层次节点之间的超链接。

g)行为(behavior):用于关联可执行代码与 METS 对象内容。

4.2 METS 根元素

根元素 <mets> 为按标准存储和传递的信息建立容器。它包括以下属性(括号中标明其数据类型及必备性,下同):

ID(ID,可选):METS 根元素的唯一标识符,其他元素或文档可通过该属性用 IDREF 或 XPTR 引用根元素。

OBJID(字符串,可选):METS 对象的主标识符。该属性非必备,但建议使用。该标识符用于把整个 METS 对象标记到外部系统。

LABEL(字符串,可选):是一个简单的标题字符串,用于标识 METS 文档中描述的对象或实体。

TYPE(字符串,可选):用于表示数字对象的类型。

PROFILE(字符串,可选):用于表示该 METS 文档符合哪些注册的应用纲要。

METS 根元素与各节的关系如图 1 所示。METS 元素与复合类型应用细则参见附录 A。

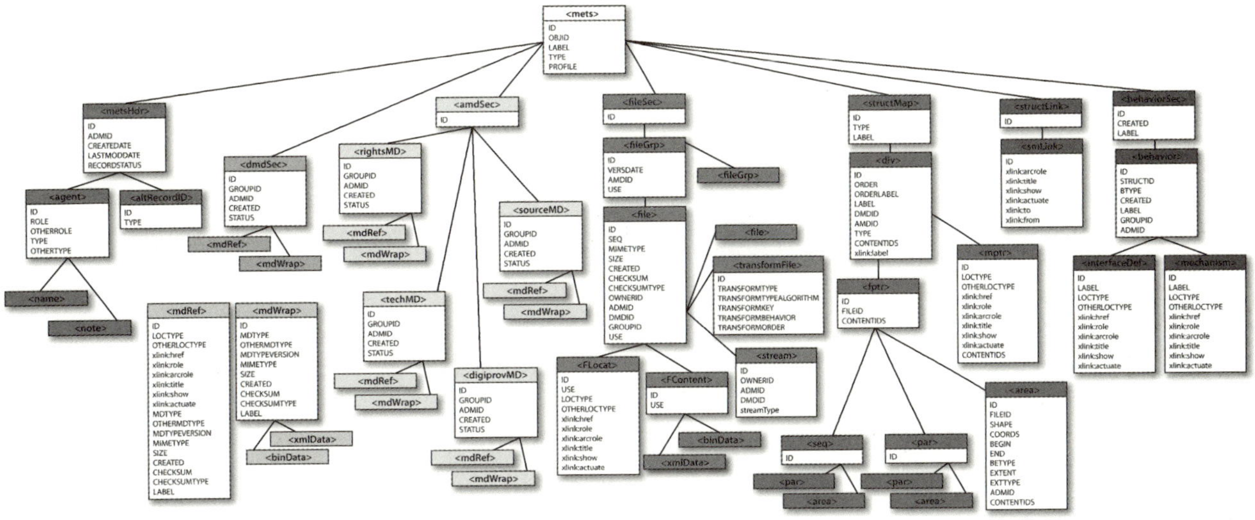

图 1 METS 根元素与各节关系示意图

示例:

本例采用 XML 1.0 版(UTF-8 编码)、本记录所用标准的 URL 列表、数字对象的 OBJID(以 URN 记录),以及描述编码对象的可读标签(本例为数字对象的类型"古籍")。

```
<! --说明 XML 版本为 1.0,使用编码方式为 UTF-8。-->
<? xml version = "1.0" encoding = "UTF-8" ? >
<! --说明 XML 命名域(包括 METS、MODS、xLink、XSI 等)、所用标准规范(METS、MODS 等),以及对象标识等。-->
<mets:mets xmlns:mets = "http://www.loc.gov/METS/"
xmlns:mods = "http://www.loc.gov.mods/v3"  xmlns:xlink = "http://www.w3.org/1999/xlink"  xmlns:xsi = "http://www.w3.org/2001/XMLSchema-instance"
xsi:schemaLocation = "http://www.loc.gov/METS/http://www.loc.gov/standards/mets/mets.xsd http://www.loc.gov/mods/v3 http://www.loc.gov.mods/v3/mods-3-1.xsd" OBJID = "thlib.rarebook.000001" LABEL = "古籍" >
```

4.3 METS 头

4.3.1 概述

METS 头元素精简记录 METS 对象本身的描述元数据,而非 METS 文件编译的数字对象,其结构如图 2 所示。

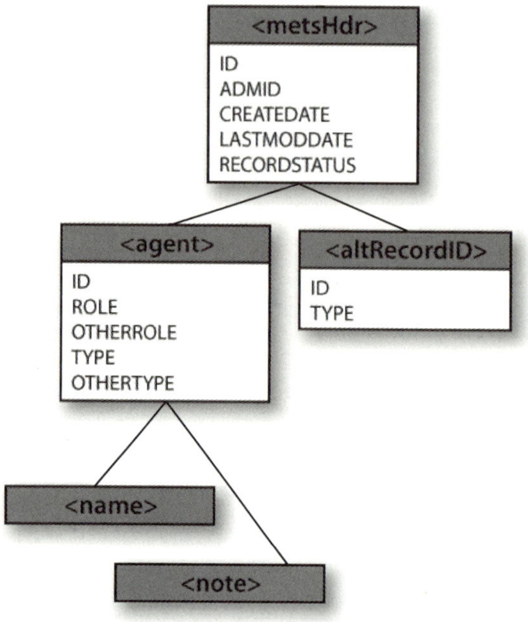

图 2 METS 头结构图

4.3.2 METS 头属性

ID(ID,可选):METS 头元素的唯一标识符。其他元素或文档可以通过该属性用 IDREF 或 XPTR 引用 <metsHdr>元素。

ADMID(ID,可选):包含 METS 文档 <amdSec>元素中的 <techMD>、<sourceMD>、<rightsMD>与/或 <digiprovMD>元素的 ID 属性值。

CREATEDATE(日期型,可选):记录 METS 文件创建的时间/日期。

LASTMODDATE(日期型,可选):记录 METS 文件最后修改的时间/日期。

RECORDSTATUS(字符串,可选):指出 METS 文件的状态,以便进行内部处理。

4.3.3 METS 头包含的元素

4.3.3.1 代理

代理元素 <agent>定义了 METS 记录形成文档的各参与者及其作用。它包括以下属性:

ID(ID,可选):代理元素的唯一标识符,其他元素或文档可以通过该属性用 IDREF 或 XPTR 引用 <agent>元素。

ROLE(字符串,必备):表示代理在 METS 记录中所起的作用。可取值有:

CREATOR:创建者,对 METS 文档负责的机构或个人。

EDITOR:编辑者,准备编码元数据的机构或个人。

ARCHIVIST:存档者,负责文档/收藏的机构或个人。

PRESERVATION:保存者,负责对资源进行长期保存的机构或个人。

DISSEMINATOR:传播者,负责对资源进行传播的机构或个人。

CUSTODIAN:监护者,负责对文档/收藏进行监管的机构或个人。

IPOWNER:知识产权所有者,对数字对象拥有知识产权(版权、商品或服务标记等)的机构或个人。

OTHER:其他。上述值不适于表示代理的类型和位置时,可以使用此值,代理类型用 OTHERROLE 属性表达。

OTHERROLE(字符串,可选):ROLE 属性为 OTHER 时,用属性值列表以外的值表达。

TYPE(字符串,可选):表示代理的类型,应在如下范围内取值:

INDIVIDUAL:个人。代理为个人时,选用本值。

ORGANIZATION:机构。代理为公共机构、合作团体、社团、非营利组织、政府、宗教团体等时,选用本值。

OTHER:其他。上述值不适于表示代理的类型和位置时,可以使用该值,代理类型用 OTHERTYPE 属性表达。

OTHERTYPE(字符串,可选):TYPE 属性为 OTHER 时,其类型可用该属性表达。

代理元素 <agent> 有两个子元素:名称 <name> 和备注 <note>。名称元素 <name> 可用来记录文档代理的全名,备注元素 <note> 可用来记录 METS 文档中代理活动的任何附加信息。

示例:

```
<!--本例表示程大伟于 2008 年 5 月 12 日 10:30 创建的 METS 文档。-->
<metsHdr CREATEDATE="2008-05-12T10:30:00">
    <mets:agent ROLE="CREATOR">
        <mets:name>程大伟</mets:name>
    </mets:agent>
</metsHdr>
```

4.3.3.2 其他记录 ID

其他记录 ID 元素 <altRecordID> 允许用其他记录 ID 值表示 METS 文档描述的数字对象。记录的主标识符存储在 METS 根元素的 OBJID 属性中。它包括以下属性:

ID(ID,可选):其他记录 ID 元素的唯一标识符,其他元素或文档可通过该属性用 IDREF 或 XPTR 引用其他记录 ID 元素。

TYPE(字符串,可选):描述其他记录 ID 的类型(如 OCLC 记录编号、国会图书馆控制号 LCCN、清华大学图书馆数字资源号等)。

示例 1:

```
<!--本例的其他记录 ID 类型为 LCCN,编号为 20023838。-->
<metsHdr CREATEDATE="2008-05-12T10:30:00">
    <mets:agent ROLE="CREATOR">
        <mets:name>程大伟</mets:name>
```

```
    </mets:agent>
    <mets:altRecordID TYPE="LCCN">20022838</mets:altRecordID>
<mets:metsHdr>
```

示例2：

```
<!--本例其他记录ID使用的是清华大学图书馆的内部标识码,并说明各代理属性的使用。-->
<metsHdr CREATEDATE="2004-02-22T00:00:00" LASTMODDATE="2004-03-16T00:00:00" RECORDSTA-
TUS="production">
    <mets:agent ROLE="CREATOR" TYPE="ORGANIZATION">
        <mets:name>Tsinghua University Library</mets:name>
        <mets:note>SIP METS submitted to Tsinghua University Library. </mets:note>
    </mets:agent>
    <mets:agent ROLE="PRESERVATION" TYPE="ORGANIZATION">
        <mets:name>Tsinghua University Digital Library</mets:name>
        <mets:note>SIP METS and associated files placed in Preservation Repository.
        </mets:note>
    </mets:agent>
    <mets:agent ROLE="EDITOR" TYPE="ORGANIZATION">
        <mets:name>Tsinghua University Digital Library</mets:name>
        <mets:note>DIP METS created. </mets:note>
    </mets:agent>
    <mets:agent ROLE="DISSEMINATOR" TYPE="ORGANIZATION">
        <mets:name>Tsinghua University Digital Library</mets:name>
        <mets:note>Object placed in production. </mets:note>
    </mets:agent>
    <mets:altRecordID TYPE="THLIB">00460205</mets:altRecordID>
</metsHdr>
```

4.4 描述元数据

4.4.1 概述

描述元数据节<dmdSec>记录METS对象整体或部分的描述元数据,其结构如图3所示。可存在多个描述元数据节,既可以逐条记录,也可以按组件的方式记录。

描述元数据可以用多种标准记录,如MARC、MODS、DC、TEI头标、VRA、FGDC、DDI或本地XML schema。

对描述元数据的编码,METS本身不提供词表或语法。METS也不定义描述元数据元素。描述元数据的内容指南由具体描述标准决定。METS提供一种方式,把描述元数据与数字内容以及其他类型元数据(如结构元数据和管理元数据)相连接。

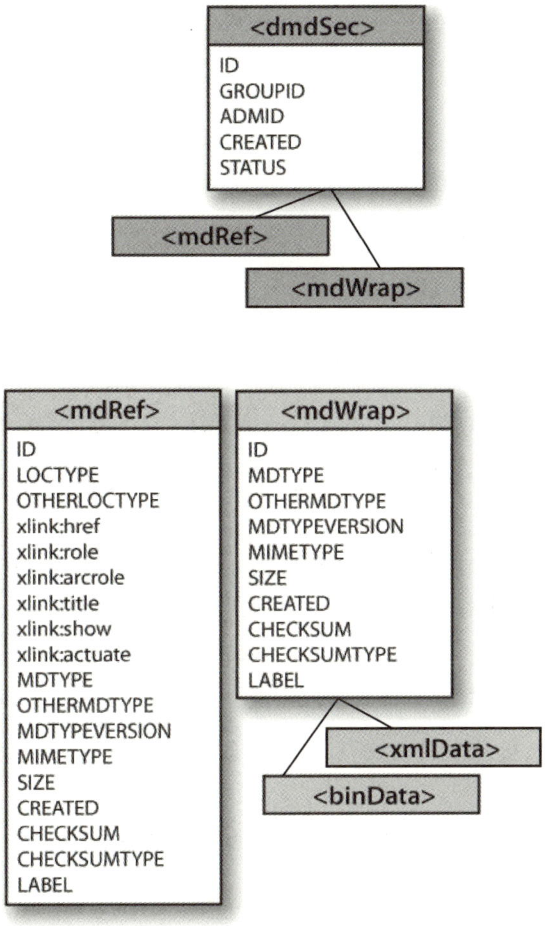

图 3　描述元数据结构图

4.4.2　描述元数据节的属性

ID(ID,必备):描述元数据节元素的唯一标识符,其他元素或文档可通过该属性用 IDREF 或 XPTR 引用 < dmdSec > 元素。< dmdSec > 元素的 ID 属性是必备的,METS 文档中其他关联元素可通过一个或多个 DMDID 属性加以引用。< dmdSec > 元素通过 DMDID 属性可以被以下元素引用: < file > 、< stream > 、< div > 。

GROUPID(字符串,可选):不同元数据节被划分成组出现时,使用此标识符。如果两个元数据节具有相同的 GROUPID 值,则被认为属于同一个组。该属性可用于版本维护,例如同一组群中的元数据更换版本时,可以通过追踪该属性而实现。

ADMID(IDREFS,可选):包含 METS 文档 < amdSec > 元素中的 < digiprovMD > 、< techMD > 、< sourceMD > 与/或 < rightsMD > 元素的 ID 属性值,通常引用适用于当前元数据元素的保存元数据(digiprovMD)。

CREATED(日期型,可选):记录元数据创建的时间/日期。

STATUS(字符串,可选):表明元数据的状态(如"作废""正在使用"等)。

描述元数据节既可以自身包含元数据(mdWrap),又可以作为外部引用(mdRef),也可以二者兼而有之。例如,可以将 MODS 记录用 XML 编码嵌入 METS 描述元数据节,或直接引用二进制形式的 MARC 记录。描述元数据节也可以简单地定义描述元数据的类型,如 MARC、EAD 等,通过 URI 引用描述元数据的外部地址。

4.4.3 外部描述元数据

外部描述元数据元素 <mdRef> 用于向 METS 文档外的元数据提供指针。 <mdRef> 是一个空元素,外部元数据的存放位置应记录在 href 属性里,而且在需要时,能够由 XPTR 属性补充。它包括以下属性:

ID(ID,可选):<mdRef> 元素的唯一标识符,其他元素或文档可以通过该属性用 IDREF 或 XPTR 引用 <mdRef> 元素。

MIMETYPE(字符串,可选):关联文件的 IANA MIME(Multipurpose Internet Mail Extensions,多用途互联网邮件扩展)媒体类型,其取值参见 IANA 网站(http://www.iana.org/assignments/media-types/)。

LABEL(字符串,可选):定义的引用元数据的标签,便于 METS 文档的读者理解。

XPTR(字符串,可选):在 <mdRef> 元素引用文件内定位,可以使用任意有效的 XPointer 方案。

LOCTYPE(字符串,可选):xlink:href 属性的定位器类型。其有效值有 ARK、URN、URL、PURL、HANDLE、DOI、OTHER 等。

OTHERLOCTYPE(字符串,可选):当 LOCTYPE 取值为 OTHER 时,表示其定位器类型。尽管其值为可选,但强烈建议列出该定位器类型。

MDTYPE(字符串,可选):用于表示相关的元数据类型。其有效值包括:

MARC:MARC 记录的任何形式

MODS:元数据对象描述框架

EAD:编码档案描述的检索工具(Finding aid)

DC:都柏林核心元数据

NISOIMG:静态数字图像的 NISO 技术元数据

LC-AV:国会图书馆的音视频原型对象技术元数据

VRA:可视资源委员会核心元数据

TEIHDR:TEI 头标

DDI:数据文档倡议

FGDC:美国联邦地理数据委员会元数据

LOM:学习对象模型

PREMIS:保存元数据:实施策略

PREMIS:OBJECT:PREMIS 对象实体

PREMIS:AGENT:PREMIS 代理实体

PREMIS:RIGHTS:PREMIS 权利实体

PREMIS:EVENT:PREMIS 事件实体

TEXTMD:文本技术元数据

METSRIGHTS:权利声明 schema

OTHER:非上述格式的元数据

MDTYPEVERSION(字符串,可选):当前使用记录元数据类型(记录于 MDTYPE 或 OTHERMDTYPE 属性)的版本。该属性可以描述数据字典或元数据模型的版本,而不是 schema 的版本。

OTHERMDTYPE(字符串,可选):当元数据类型 MDTYPE 的取值为 OTHER 时,在该属性中定义元数据类型。

SIZE(长整型,可选):表明关联文件或包含内容的字节大小。

CREATED(日期型,可选):表明关联文件或包含内容的创建日期和时间。

CHECKSUM(字符串,可选):为关联文件或包含内容提供校验值。

CHECKSUMTYPE(字符串,可选):描述产生校验值(包含在 CHECKSUM 属性)的算法。CHECKSUMTYPE 的取值如下:Adler - 32、CRC32、HAVAL、HMACMD5、MNP、SHA - 1、SHA - 256、SHA - 384、SHA - 512、TIGER 和 WHIRLPOOL。

示例:

```
<dmdSec ID = "DMD1" >
    <mdRef MIMETYPE = "text/xml" LABEL = "MODS record" LOCTYPE = "URN" MDTYPE = "MODS" > urn:x-
    thu:00461735 </mdRef >
</dmdSec >
```

4.4.4 内部描述元数据

4.4.4.1 概述

元数据包装器元素 <mdWrap>为嵌入 METS 文件中的元数据提供了一个封装。该元素可重复。元数据可以有如下两种形式:

(1)XML 编码的元数据,直接应用这种特定 XML 编码的命名域,而并不是采用 METS 文件的命名域。

(2)用任意二进制或文件格式的元数据,条件是其采用了 Base64 编码方式,并且封装在内部描述元数据元素中的 <binData>元素里面。

4.4.4.2 内部描述元数据属性

ID(ID,可选):<mdRef>元素的唯一标识符,其他元素或文档可以通过该属性用 IDREF 或 XPTR 引用 <mdRef>元素。

MIMETYPE(字符串,可选):描述被封装元数据的 MIME 类型。

LABEL(字符串,可选):定义的引用元数据的标签,便于 METS 文档的读者理解。

MDTYPE(字符串,可选):用于表示相关的元数据类型。其有效值包括:

MARC:MARC 记录的任何形式

MODS:元数据对象描述框架

EAD:编码档案描述的检索工具(Finding aid)

DC:都柏林核心元数据

NISOIMG:静态数字图像的 NISO 技术元数据

LC-AV:国会图书馆的音视频原型对象技术元数据

VRA:可视资源委员会核心元数据

TEIHDR:TEI 头标

DDI:数据文档倡议

FGDC:美国联邦地理数据委员会元数据

LOM:学习对象模型

PREMIS:保存元数据:实施策略

PREMIS:OBJECT:PREMIS 对象实体

PREMIS:AGENT:PREMIS 代理实体

PREMIS:RIGHTS:PREMIS 权利实体

PREMIS:EVENT:PREMIS 事件实体

TEXTMD:textMD 文本技术元数据

METSRIGHTS:权利声明 schema

OTHER:非上述格式的元数据

MDTYPEVERSION(字符串,可选):当前使用记录元数据类型(记录于 MDTYPE 或 OTHERMDTYPE 属性)的版本。该属性可以描述数据字典或元数据模型的版本,而不是 schema 的版本。

OTHERMDTYPE(字符串,可选):当元数据类型 MDTYPE 的取值为 OTHER 时,在该属性中定义元数据类型。

SIZE(长整型,可选):表明关联文件或包含内容的字节大小。

CREATED(日期型,可选):表明关联文件或包含内容的创建日期和时间。

CHECKSUM(字符串,可选):为关联文件或包含内容提供校验值。

CHECKSUMTYPE(字符串,可选):描述产生校验值(包含在 CHECKSUM 属性)的算法。CHECKSUMTYPE 的取值如下:Adler - 32、CRC32、HAVAL、HMACMD5、MNP、SHA - 1、SHA - 256、SHA - 384、SHA - 512、TIGER 和 WHIRLPOOL。

4.4.4.3 内部描述元数据元素

<mdWrap>元素包含两个元素:

- <binData>:包含 Base64 编码元数据的封装元素。
- <xmlData>:包含 XML 编码元数据的封装元素。

<xmlData>元素的内容可以是任意命名域,也可以没有命名域。XML Schema 标准允许<xmlData>元数据的 processContents 属性值为“lax”。如果 XML 的 schemaLocation 属性指明其描述元数据所引用的源 schema 及其位置,XML 处理器会认为元素有效,因为可以找到文档声明。如果没有指明源 schema,或在 schemaLocation 属性里没有找到,XML 校验器将会校验其是否符合语法规则,但会跳过在<xmlData>中出现的元素。

示例:

本例说明<mdWrap>元素的使用,以古籍为例(使用的是 CALIS 古籍描述元数据规范):

```
<mets:dmdSec ID="DMD1">
    <mets:mdWrap MDTYPE="CALIS_RAREBOOK">
        <mets:xmlData>
            <calis:rarebook>
```

```
                <calis:title titleAttribute="正题名及說明">
                    <calis:titleValue>河工器具圖說:4 卷</calis:titleValue>
                    <calis:titleValuePinyin>he gong qi ju tu shuo
                    </calis:titleValuePinyin>
                </calis:title>
                <calis:creatorcreatorAttribute="撰">
                    <calis:name>麟慶</calis:name>
                    <calis:time/>
                    <calis:namePinyin>lin qing</calis:namePinyin>
                </calis:creator>
                <calis:publishItemeditionDesc="出版">
                    <calis:date_zh>清道光十六年</calis:date_zh>
                    <calis:date_xi>1836</calis:date_xi>
                    <calis:place/>
                    <calis:publisher>南河節署</calis:publisher>
                </calis:publishItem>
                …
            </calis:rarebook>
        </mets:xmlData>
    </mets:mdWrap>
</mets:dmdSec>
```

或如下所示:

```
<dmdSec ID="dmd003">
    <mdWrap MIMETYPE="application/marc" MDTYPE="MARC" LABEL="OPAC Record">
        <binData>0M8R4KGxGuEAAAAAAAAAAAAAAAAAAAAAA...[这里放置 base 64 编码的数据]
        </binData>
    </mdWrap>
</dmdSec>
```

4.5 管理元数据

4.5.1 概述

管理元数据节 <amdSec> 包含的管理元数据可以属于数字对象、数字对象的某些部分，以及派生出数字对象的原始资源，其结构如图 4 所示。管理元数据节有四个子元数据节，即技术元数据 <techMD>、权利元数据 <rightsMD>、来源元数据 <sourceMD> 和数字起源元数据 <digiprovMD>。每个子元数据节都可以对元数据进行封装(mdWrap)，也可以从外部引用(mdRef)，或二者兼而有之。METS 文件可以包含多个 <amdSec> 元素，<amdSec> 元素也可以包含多个子文件节。由此，管理元数据的结构可以灵活地表达出来。

METS 本身并不为管理元数据的编码提供词表或语法。管理元数据既可以遵循目前一些团体共同制定的标准，也可以应用本地自建的 XML schema。METS 编委会推荐以下内容标准：MIX XML Schema、

NISO 静态影像技术元数据，以及 TextMD（文本技术元数据 schema）。其他正在审核的标准包括 LC-AV（音视频技术元数据 schema）和 METSRightsMD schema。关于推荐的标准，可参见 METS 官方网站（http://www.loc.gov/standards/mets/）。

管理元数据节 <amdSec> 的子文件节与描述元数据节遵循相同的内容模型，既可以用 <mdWrap> 元素将元数据包含在 METS 文件中，也可以用 <mdRef> 元素引用外部元数据。

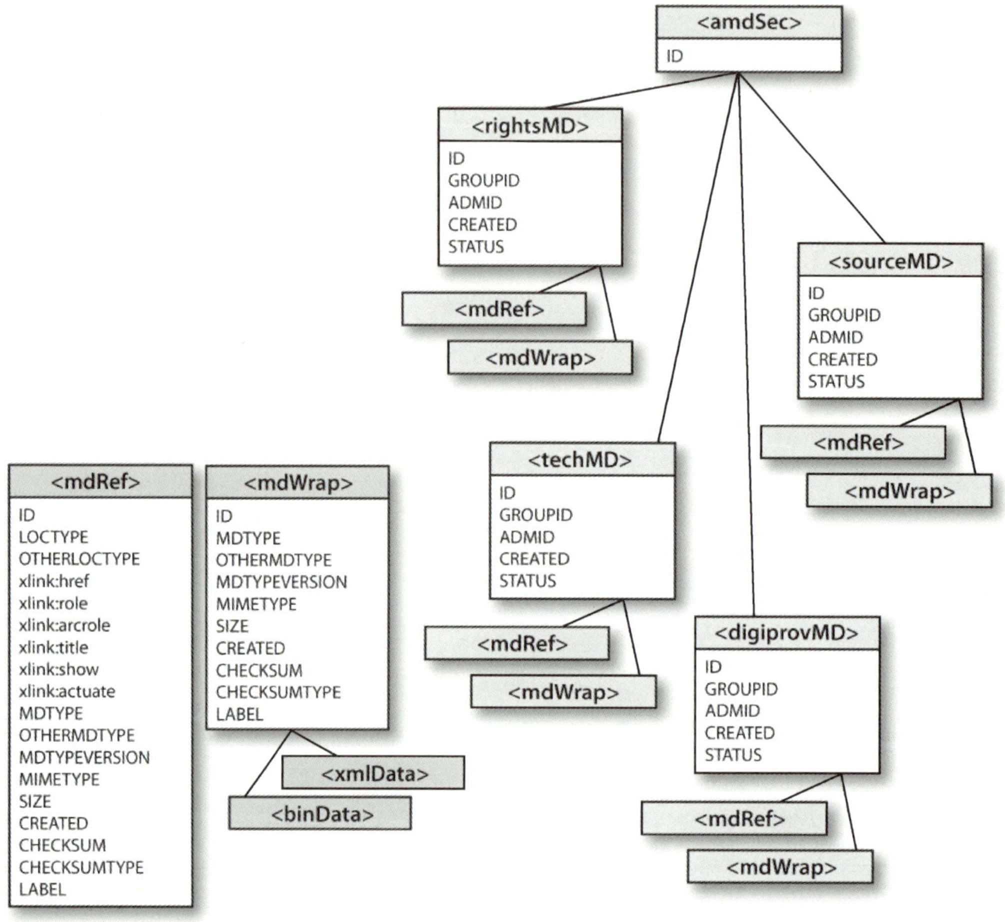

图 4 管理元数据结构图

4.5.2 管理元数据节的属性

4.5.2.1 管理元数据元素共享的属性

ID（ID，必备）：该元素的唯一标识符，其他元素或文档可以通过该属性用 IDREF 或 XPTR 引用该元素。<techMD>、<rightsMD>、<sourceMD> 和 <digiprovMD> 元数据节的 ID 属性是必备的，METS 文档中其他关联元素可通过一个或多个 ADMID 属性加以引用。以下元素可以通过 ADMID 属性引用 <techMD>、<rightsMD>、<sourceMD> 和 <digiprovMD> 元素：<metsHdr>、<dmdSec>、<techMD>、<sourceMD>、<rightsMD>、<digiprovMD>、<fileGrp>、<file>、<stream>、<div>、<area>、<behavior>。

GROUPID（ID，可选）：不同元数据节被划分成组出现时，运用此标识符。如果两个元数据节具有相同的 GROUPID 值,则被认为属于同一个组。该属性可用于版本维护,例如同一组群中的元数据更换版本时,可以通过追踪该属性而实现。

ADMID(IDREFS,可选):包含 METS 文档 < amdSec > 元素中的 < digiprovMD >、< techMD >、< sourceMD > 与/或 < rightsMD > 元素的 ID 属性值,通常引用适用于当前元数据元素的保存元数据(digiprovMD)。

CREATED(日期型,可选):记录元数据创建的时间和日期。

STATUS(字符串,可选):表明元数据的状态(如"作废""正在使用"等)。

4.5.2.2 技术元数据

技术元数据元素 < techMD > 记录 METS 对象某一部分的技术元数据,如数字内容文件。< techMD > 符合通用的数据类型,包括 < dmdSec >、< rightsMD >、< sourceMD > 和 < digiprovMD > 元素,并支持相同的子元素和属性。< techMD > 既可以包含元数据(mdWrap),也可以通过外部引用(mdRef),也可以二者兼而有之(参见描述元数据节部分)。一个 METS 记录可以有多个 < techMD > 元素,< techMD > 也可以与任何支持 ADMID 属性的 METS 元素相关联。< techMD > 可以通过技术描述标准(如 MIX 和 textMD)或本地 XML schema 表达。

示例:

```
<mets:techMD ID = "AMD001" >
    <mets:mdWrap MIMETYPE = "text/xml"  MDTYPE = "NISOIMG"  LABEL = "NISO Img. Data" >
        <mets:xmlData >
            <niso:MIMEtype > image/tiff </niso:MIMEtype >
            <niso:Compression > LZW </niso:Compression >
            <niso:PhotometricInterpretation > 8 </niso:PhotometricInterpretation >
            <niso:Orientation > 1 </niso:Orientation >
            <niso:ScanningAgency > Tsinghua University Library </niso:ScanningAgency >
        </mets:xmlData >
    </mets:mdWrap >
</mets:techMD >
```

在文件节中,< fileGrp > 下的 < file > 元素可以通过 ADMID 属性来引用相应的技术元数据元素。

```
<mets:file ID = "FILE001"  ADMID = "AMD001" >
    <mets:FLocat LOCTYPE = "URL"  xlink:href = "http://baodiao.lib.tsinghua.edu.cn:4237/oralhistory/list/001.tif"/ >
</mets:file >
```

4.5.2.3 权利元数据

权利元数据元素 < rightsMD > 用来记录和 METS 对象某个部分相关的版权和许可信息。< rightsMD > 符合通用的数据类型,包括 < dmdSec >、< techMD >、< sourceMD > 和 < digiprovMD > 元素,并支持相同的子元素和属性。< rightsMD > 既可以包含元数据(mdWrap),也可以通过外部引用(mdRef),也可以二者兼而有之(参见描述元数据节部分)。一个 METS 记录可以有多个 < rightsMD > 元素,< rightsMD > 也可以与任何支持 ADMID 属性的 METS 元素相关联。< rightsMD > 可以通过权利描述标准(如 CopyrightMD 和 rightsDeclarationMD)或本地 XML schema 表达。

示例：

```
<mets:rightsMD ID="ADMRTS1">
    <mets:mdWrap MDTYPE="OTHER" OTHERMDTYPE="METSRights">
        <mets:xmlData>
            <rts:RightsDeclarationMD RIGHTSCATEGORY="PUBLIC DOMAIN">
                <rts:Context CONTEXTCLASS="GENERAL PUBLIC">
                    <rts:Constraints CONSTRAINTTYPE="RE-USE">
                        <rts:ConstraintDescription>This volume was published in Qing Dynasty in 1836 by Lin Qing
                        (China). It is now in the public domain in China without any constraints on use.
                        </rts:ConstraintDescription>
                    </rts:Constraints>
                </rts:Context>
            </rts:RightsDeclarationMD>
        </mets:xmlData>
    </mets:mdWrap>
</mets:rightsMD>
```

4.5.2.4 来源元数据

来源元数据元素 <sourceMD> 用来记录描述元数据和管理元数据的来源格式或 METS 对象某个部分的介质，如数字内容文件。它用于资源发现、数据管理或数字对象的保存。<sourceMD> 符合通用的数据类型，包括 <dmdSec>、<techMD>、<rightsMD> 和 <digiprovMD> 元素，并支持相同的子元素和属性。<sourceMD> 既可以包含元数据（mdWrap），也可以通过外部引用（mdRef），也可以二者兼而有之（参见描述元数据节部分）。一个 METS 记录可以有多个 <sourceMD> 元素，<sourceMD> 也可以与任何支持 ADMID 属性的 METS 元素相关联。<sourceMD> 可以通过来源描述标准（如 PREMIS）或本地 XML schema 表达。

示例：

以电子图书《河工器具圖說》为例，可以用 <sourceMD> 连接 MARC 记录，用来描述图书的印刷版。又如，数字音频由磁带数字化转录而来，可以在 <sourceMD> 中用 <mdWrap> 元素来封装磁带的技术元数据，如下所示（sourceMD 中引用了 Source 来源的一些技术参数，这些技术参数来源于保存元数据的设计方案）：

```
<sourceMD ID="SMD_MJF_Tape_0010_Side_A" STATUS="Draft,unformatted" CREATED="2006-08-28T15:36:53">
<mdWrap MDTYPE="OTHER" OTHERMDTYPE="Draft AES-X098-SC-03-06-B, version 2006-05-19" MIME-
TYPE="audio/x-wave">
    <xmlData>
        <dataroot xmlns:od="urn:schemas-microsoft-com:officedata" generated="2006-08-28T15:36:53">
        <!--All values for source elements come from the source_metadata table.-->
            <source>
                <ID>1</ID>
                <source_metadata_id>SRC000000001</source_metadata_id>
                <item_face_id_fk>IF000000001</item_face_id_fk>
                <identifier>0001</identifier>
```

```
            <identifier_type>MJF tape number</identifier_type>
            <direction>A_PASS</direction>
            <source_format_type>open reel tape</source_format_type>
            <analog_digital_flag>analog</analog_digital_flag>
            <speed>7.5</speed>
            <speed_unit>Inches per second</speed_unit>
            <track_format>half track</track_format>
            <sound_field>stereo</sound_field>
            <noise_reduction>none</noise_reduction>
            <equalization>none</equalization>
            <gauge>0.25</gauge>
            <gauge_unit>Inches</gauge_unit>
            <reel_diameter>7</reel_diameter>
            <reel_diameter_unit>Inches</reel_diameter_unit>
            <bit_depth/>
            <sample_rate/>
         </source>
      </dataroot>
    </xmlData>
  </mdWrap>
</sourceMD>
```

4.5.2.5 数字起源元数据

数字起源元数据元素 <digiprovMD> 可以用来记录任何与保存相关的、对于数字对象文件的动作，比如转换、迁移，以及文件的创建。数字起源元素应该用来记录数字资源生命周期中数字对象整体或部分的修改信息，这些信息可被档案馆员、图书馆员或研究者所理解。这些信息可以用来判断数字对象如何改变，以及它为何不能精确呈现原始状态。同时，它还可以记录文件之间的主从关系，以及派生文件如何创建。<digiprovMD> 元素也可以包含文件从初始数字化（如 OCR、TEI 等）到现有状态（如 JPEG2000）的所有迁移、转换的信息。

<digiprovMD> 符合通用的数据类型，包括 <dmdSec>、<techMD>、<rightsMD> 和 <sourceMD> 元素的数据类型，并且提供相同的子元素和属性。<digiprovMD> 既可以包含元数据（mdWrap），也可以通过外部引用（mdRef），也可以二者兼而有之（参见描述元数据节部分）。一个 METS 记录可以有多个 <digiprovMD> 元素，<digiprovMD> 也可以与任何支持 ADMID 属性的 METS 元素相关联。<digiprovMD> 可以通过多种数字起源描述标准（如 PREMIS）或本地 XML schema 表达。

示例 1：

```
<mets:digiprovMD ID="FPRV24_551">
    <mets:xmlData>
        <mets:mdWrap MDTYPE="OTHER" OTHERMDTYPE="oclcprov">
            <mets:oclcprov:oclcprov>
                <oclcprov:digiprovMD>
```

```
                <oclcprov:fixityAlgorithm>Adler - 32</oclcprov:fixityAlgorithm>
                <oclcprov:fixityCheckResults>202947597</oclcprov:fixityCheckResults>
                <oclcprov:fixityCheckStatus>Success</oclcprov:fixityCheckStatus>
                <oclcprov:fixityCheckDate>2006 - 05 - 15T09:17:49</oclcprov:fixityCheckDate>
                <oclcprov:virusSoftware>McAfee Virus Scan for Linux v. 4. 40. 0 </oclcprov:virusSoftware>
                <oclcprov:virsuCheckStatus>Success</oclcprov:virusCheckStatus>
                <oclcprov:virusCheckDate>2006 - 05 - 15T09:17:49</oclcprov:virusCheckDate>
                <oclcprov:mimeType>application/pdf</oclcprov:mimeType>
                </oclcprov:digiprovMD>
            </mets:oclcprov:oclcprov>
        </mets:mdWrap>
    </mets:xmlData>
</mets:digiprovMD>
```

示例 2：

```
<mets:digiprovMD ID = "DP_0755ad93-5fd1-11da-b211-19e7a5cf4814" CREATED = "2006 - 11 - 27T21:37:13">
    <mets:mdWrap MDTYPE = "PREMIS">
        <mets: xmlData xmlns: premis = http://www. loc. gov/standards/premis/v1 xsi: schemaLocation = " http://
        www. loc. gov/standards/premis/v1 http://www. loc. gov/standards/premis/v1/Event-v1-1. xsd">
            <premis:eventIdentifier>
                <premis:eventIdentifierType>Validation</premis:eventIdentifierType>
                <premis:eventIdentifierType>Ingest_Validation_01</premis:eventIdentifierType>
            </premis:eventIdentifier>
            <premis:eventType>Validation</premis:eventType>
            <premis:eventDateTime>2006 - 11 - 27 - 08:00</premis:eventDateTime>
            <premis:eventDetail>ValidationResults</premis:eventDetail>
            <premis:eventOutcomeInformation>
                <premis:eventOutcome>Pass</premis:eventOutcome>
                <premis:eventOutcomeDetail>
                    <ingestValidation ID = "FILE_hg01m. tiff">
                        <JhoveOutput>File is of format: TIFF. The file is well-formed. The file is valid. </Jhove-
                        Output>
                        <IngestValidatorOutput> The computed checksum matches the original checksum for file
                        [file:90990250/90990250. pdf] </IngestValidatorOutput>
                        <ingestValidatorOutput> Original file ID: FILE_hg01m. tiff has been changed to FILE_
                        07108e3e-5fd1-11da-b211-19e7a5cf4814 </IngestValidatorOutput>
                        <IngestValidatorOutput> Original file name hg01m > tiff has been changed to FILE_
                        07108e3e-5fd1-11da-b211-19e7a5cf4814,pdf</IngestValidatorOutput>
                    </ingestValidation>
                </premis:eventOutcomeDetail>
            </premis:eventOutcomeInformation>
            <premis:linkingAgentIdentifier>
```

```
            <premis:linkingAgentIdentifierType>"Software"/>
            <premis:linkingAgentIdentifierValue>"JHove"/>
        </premis:linkingAgentIdentifier>
        <premis:linkingAgentIdentifier>
            <premis:linkingAgentIdentifierType>"Software"/>
            <premis:linkingAgentIdentidierValue>"SDR_Ingest_Validator"/>
        </premis:linkingAgentIdentidier>
        </premis:event>
      </mets:xmlData>
    </mets:mdWrap>
</mets:digiprovMD>
```

其他关于 PREMIS 实施的示例可以在 PREMIS 实施工作组(PIG, http://www. loc. gov. standards/premis/pig. html)的wiki中找到。

4.6 文件节

4.6.1 概述

文件节元素 <fileSec> 的作用是为构成数字对象的内容文件提供详细目录和位置信息。<fileSec> 下面的 <fileGrp> 元素允许文件以不同目的分组放置(如根据格式或用途),其结构如图 5 所示。在 <fileGrp> 中,对应于构成编码文档的每一个文件,都有一个 <file> 元素。<fileGrp> 元素也可以用于把与数字对象构成或表现相关的文件集合起来。

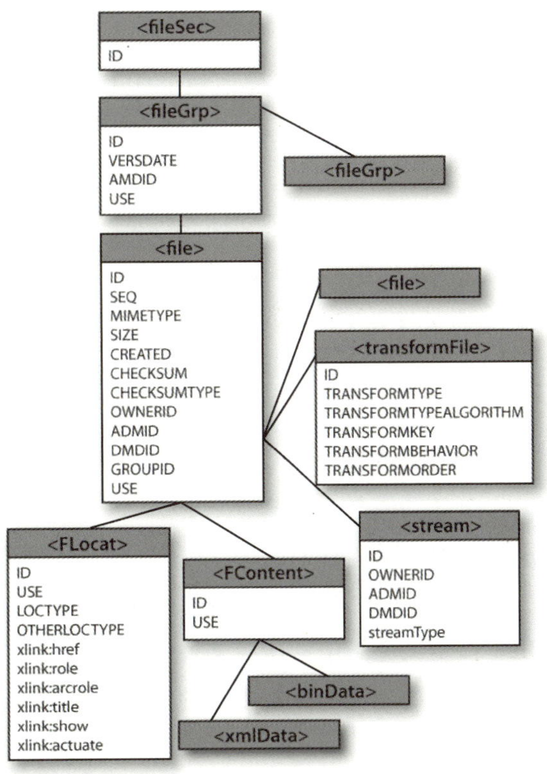

图 5　文件节结构图

<fileGrp>可以通过 ADMID 属性,指向 METS 文档中相关的管理元数据元素<amdSec>。管理元数据信息可以包括<fileGrp>的技术信息:

- <techMD>:技术元数据,关于文件组的技术信息;
- <rightsMD>:权利元数据,关于访问权限等细节信息;
- <sourceMD>:来源元数据,关于源对象信息;
- <digiprovMD>:数字起源元数据,关于文件组的长期保存信息,如数字对象的数字起源或修改转换信息。

<fileGrp>中的<file>元素可以通过 ADMID 属性指向管理元数据信息,同样也可以用 DMDID 属性指向描述信息。

4.6.2 文件节包含的元素

4.6.2.1 文件组

顺序排列的文件组元素<fileGrp>可以包含 METS 对象的各个数字文件,它们之间既可以是不分层的组织,也可以是分层的嵌套组织。如果内容文件为不同格式或像素的图像对象,可以在<fileGrp>中将图像内容文件按格式或像素分组,为每种图像格式创建一个<fileGrp>,可以分为如下三种不同的组:

- 缩略图组<fileGrp>;
- 分辨率较高 JPEG 图像的<fileGrp>;
- 保存级 TIFF 图像<fileGrp>。

对于包含各种内容文件类型的文本资源,可以根据内容文件的格式分组,然后使用<fileGrp>元素的嵌套组织,对内容文件按格式进行下一级划分,即:

- 所有页图像的<fileGrp>,根据图像格式和分辨率(如 TIFF、JPEG、GIF),使用嵌套的<fileGrp>元素;
- 文档所有页的<fileGrp>,为 PDF 版本;
- TEI 编码的<fileGrp>,为 XML 版本,针对整个文档或各页。

<fileGrp>可以包含任意数量的<fileGrp>元素与/或<file>元素。<file>元素可以用<FLocat>指针,通过 URI 指向一个或多个外部文件,也可以使用<FContent>元素,自身包含 XML 或二进制数据文件。

文件组包括以下属性:

ID(ID,可选):该元素的唯一标识符,其他元素或文档可以通过该属性用 IDREF 或 XPTR 引用该元素。

VERSDATE(日期型,可选):文件组的版本日期。

ADMID(IDREFS,可选):包含<amdSec>中的<techMD>、<sourceMD>、<rightsMD>与/或<digiprovMD>元素的 ID 属性值,适用于指定文件组下的所有文件。

USE(字符串,可选):为标记属性,表示文件组中文件的用途(如图像的主文件、参考文件、缩略图等)。USE 属性可以在<fileGrp>、<file>、<FLocat>与/或<FContent>等层次上表达。<fileGrp>元素的 USE 属性值适用于该<fileGrp>下的所有文件。<file>元素的 USE 属性适用于其从属的<FLocat>与/或<FContent>元素表达的所有文件。<FLocat>或<FContent>的 USE 属性适用于其外部引用（<FLocat>）或内部包含（<FContent>）的文件。

示例 1：

以下 METS 片段描述一本书中 TIFF 格式的页面图像。

```
<mets:mets xmlns:mets="http://www/loc.gov/METS/" xmlns:mods="http://www.loc.gov/mods/v3" xmlns:xlink=
"http://www.w3c.org/1999/xlink" xmlns:xsi="http://www.w3.org/2001/XMLSchema-instance" xsi:schemaLocation=
"http://www.loc.gov/METS/ http://www.loc.gov/standards/mets/mets.xsd http://www.loc.gov/mods.v3 http://www.
loc.gov/mods/v3/mods-3-1.xsd" OBJID="ark:/13010/kt9s2009hz" LABEL="河工器具圖說">
…
    <mets:fileSec>
        <mets:fileGrp ID="TIFF_GRP01" USE="MASTER IMAGE">
        …
    </mets:fileSec>
```

其他<fileGrp>可以描述 JPEG 或 GIF 格式的同一页面图像。

示例 2：

对于纸本图书而言，可以有三种图像格式（TIFF、JPEG 或 GIF），每页用<div>表示。TIFF 格式图像的<fileGrp>如本例所示：

```
<?xml version="1.0" encoding="UTF-8">
<mets:mets xmlns:mets="http://www.loc.gov/METS/" xmlns:mods="http://www.loc.gov/mods/v3"
xmlns:xlink="http://www.w3.org/1999/xlink"
xmlns:xsi="http://www.w3.org/2001/XMLSchema-instance"
xsi:schemalocation="http://www.loc.gov/METS http://www.loc.gov/standards/mets/mets.xsd http://www.loc.gov/
mods/v3/mods-3-1.xsd" OBJID="ark:/13010/kt9s2009hz" LABEL="河工器具圖說">
…
    <mets:fileSec>
        <mets:fileGrp ID="TIFF_GRP01" USE="MASTER IMAGE">
            <mets:file ID="hg01m" SIZE="65768" CREATED="2006-04-11T07:35:22" MIMETYPE="im-
            age/tiff" ADMID="MIX_v1.0_TIFF_hg01m">
            …
            </mets:file>
        </mets:fileGrp>
    </mets:fileSec>
```

4.6.2.2 文件元素

文件元素<file>提供访问描述数字对象的内容文件的途径。文件元素<file>可以包含一个或多个<FLocat>元素（它提供指向内容文件的指针），与/或<FContent>元素（为文件的编码版本提供封装）。使用<FContent>的嵌入文件，对于在仓储间交换数字对象（或离线存储数字对象的版本）非常有用。所有<FLocat>和<FContent>元素应标识与/或包含单个文件或其拷贝。<file>元素具有递归性，允许大文件的子文件或组成文件在目录中列出。存档的 tar 或 zip 文件可以用这种方式表达。也可以使用<stream>元素，在<file>元素中放置较小的组成文件。格式迁移后生成转换文件，可以用<transformFile>元素在<file>元素表达文件的不同版本。

文件元素包括以下属性：

ID（ID，必备）：该元素的唯一标识符，其他元素或文档可以通过该属性用 IDREF 或 XPTR 引用该元素。<file>元素的 ID 属性值可通过<structMap>中的<fptr>元素与/或<area>元素的一个或多个 FILEID 属性（均为 IDREF 格式）引用。ID 属性的引用在结构分区（<div>）和内容文件的整体或部分之间建立链接。

MIMETYPE（字符串，可选）：关联文件的 IANA MIME 媒体类型，其取值参见 IANA 网站（http://www.iana.org/assignments/media-types/）。

SEQ（整型，可选）：该<file>与其他相关<file>在<fileGrp>中的序列。

SIZE（整型，可选）：文件的字节大小。

CREATED（日期型，可选）：文件的创建日期。

CHECKSUM（字符串，可选）：文件的校验值。

CHECKSUMTYPE（字符串，可选）：CHECKSUM 属性的校验值类型。CHECKSUMTYPE 的取值如下：Adler-32、CRC32、HAVAL、HMACMD5、MNP、SHA-1、SHA-256、SHA-384、SHA-512、TIGER 和 WHIRLPOOL。

OWNERID（字符串，可选）：由所有者赋予文件的唯一标识符，其取值可以是 URI（不同于读取文件时使用的 URI）。

ADMID（IDREFS，可选）：包含<amdSec>中的<techMD>、<sourceMD>、<rightsMD>与/或<digiprovMD>元素的 ID 属性值，这些元素包含文件的管理元数据。

DMDID（IDREFS，可选）：包含<dmdSec>元素的 ID 属性值，该元素包含（或链接到）<file>表达的内容文件的描述元数据。

GROUPID（字符串，可选）：该标识符在本文件和其他文件组的文件之间建立对应关系。该属性通常用于关联某一文件组的主文件和另一文件组的衍生文件。

USE（字符串，可选）：为标记属性，表示文件组中文件的用途（如图像的主文件、参考文件、缩略图等）。USE 属性可以在<fileGrp>、<file>、<FLocat>与/或<FContent>等层次上表达。<fileGrp>元素的 USE 属性值适用于该<fileGrp>下的所有文件。<file>元素的 USE 属性适用于其从属的<FLocat>与/或<FContent>元素表达的所有文件。<FLocat>或<FContent>的 USE 属性适用于其外部引用的（<FLocat>）或内部包含（<FContent>）的文件。

4.6.2.3 文件位置

文件位置元素<FLocat>为内容文件的位置提供指针。<FLocat>使用 XLink 参引句法提供链接信息，信息指明内容文件的实际位置，也包含其他附加链接信息的属性。

<FLocat>是一个空元素，被指向资源的位置应存储在 xlink:href 属性里。它包括以下属性：

ID（ID，可选）：<FLocat>元素的唯一标识符，其他元素或文档可以通过该属性用 IDREF 或 XPTR 引用<FLocat>元素。

LOCTYPE（字符串，必备）：说明定位器类型，用于 xlink:href 属性，其有效值为 ARK、URN、URL、PURL、HANDLE、DOI、OTHER。

OTHERLOCTYPE（字符串，可选）：当 LOCTYPE 属性值为 OTHER 时，该属性用于说明指针类型。该属性非必备，但在 LOCTYPE 属性值为 OTHER 时，建议使用该属性。

USE(字符串,可选):为标记属性,表示文件组中文件的用途(如图像的主文件、参考文件、缩略图等)。USE 属性可以在 <fileGrp>、<file>、<FLocat>与/或 <FContent>等层次上表达。<fileGrp>元素的 USE 属性值适用于该 <fileGrp>下的所有文件。<file>元素的 USE 属性适用于其从属的 <FLocat>与/或 <FContent>元素表达的所有文件。<FLocat>或 <FContent>的 USE 属性适用于其外部引用(<FLocat>)或内部包含(<FContent>)的文件。

以下是 XLink 的一些属性,更多信息参见 W3C 网站(http://www.w3.org/TR/xlink)。

xlink:href(URI,可选):提供内容文件的 URI,表明父文件表现的内容文件的位置。只要 <FLocat>有意义或需要使用,xlink:href 就应该存在。该属性被定义为 xlink:simpleLink 属性组的一部分。

xlink:role(URI,可选):起语义的作用。该属性如果存在,将明确资源的 URI,该资源描述 xlin:href 链接的作用和功能。该属性是 xlink:simpleLink 属性组的一部分。根据 IETF RFC 2396 的定义,该属性应是 URI 引用,除非使用的 URI scheme 允许使用绝对和相对形式,其 URI 部分应是绝对形式。

xlink:arcrole(URI,可选):如存在,将起语义的作用,用于明确资源的 URI,该资源描述相关弧或指向远程资源的指针。和 simpleLink 相比,该属性在 arcLink 中使用更多,但该属性被定义为 xlink:simpleLink 属性组的一部分。根据 IETF RFC 2396 的定义,该属性应是 URI 引用,除非使用的 URI scheme 允许使用绝对和相对形式,其 URI 部分应是绝对形式。

xlink:title(字符串,可选):以可读的方式描述某个链接或资源的意义,起语义的作用。

xlink:show(字符串,可选):在 simpleLink 中表示遍历 simpleLink 远程终端资源(remote ending resource)的行为意向。可取值如下:new、replace、embed、other、none。

xlink:actuate(字符串,可选):在 simpleLink 中表示遍历 simpleLink 远程终端资源的行为意向。可取值如下:onLoad、onRequest、other、none。

示例:

本例中,TIFF 图像的 <fileGrp>元素以文件组和文件位置中的单个 <file>元素表示:

```
<?xml version="1.0" encoding="UTF-8"?>
<mets:mets xmlns:mets="http://www.loc.gov/METS/"
xmlns:mods="http://www.loc.gov/mods/v3/"
xmlns:xlink="http://www.w3.org/1999/xlink"
xmlns:xsi="http://www.w3.org/2001/XMLSchema-instance" xsi:schemaLocation="http://www.loc.gov/METS/ http://www.loc.gov/standards/mets/mets.xsd http://www.loc.gov/mods/v3 http://www.loc.gov/mods/v3/mods-3-1.xsd"
OBJID="ark:/13030/kt9s2009hz" LABEL="河工器具圖説">
…
    <mets:fileSec>
        <mets:fileGrp ID="TIFF_GRP01" USE="MASTER IMAGE">
            <mets:file ID="hg01m" SIZE="65768" CREATED="2006-04-11T07:35:22" MIMETYPE="image/tiff" ADMID="MIX_v1.0_TIFF_hg01m">
                <mets:FLocat xlink:href="http://www.lib.tsinghua.edu.cn/standards/mets/docgroup/full/01.tiff"
                LOCTYPE="URL"/>
                <mets:/FLocat>
            </mets:file>
        </mets:fileGrp>
```

```
</mets:fileSec>
```

4.6.2.4 文件内容

文件内容元素 <FContent>用于表明 METS 文档内包含的内容文件。内容文件应是 64 位编码并且包含在附属的 <binData>封装元素里，或组成 XML 信息并且包含在附属的 <xmlData>封装元素里。<xmlData>元素包含 XML 编译的文件，<xmlData>元素的内容可以放置在任意的命名域，也可以没有命名域。这相当于在 XML Schema 标准中，将 <xmlData>元素里的 processContents 属性值设为"lax"。因此，如果通过 XML 中的 schemaLocation 属性，已经指明了描述元数据所引用的源框架和它的具体位置，则 XML 解析器会使这些元素生效，并认为这些元素已经有了文档声明。如果在 schemaLocation 属性里并没有指明或没有找到描述元数据所引用的源框架，则 XML 校验器会对其形成合理性进行校验，如果无法通过校验，则会跳过在 <xmlData>中出现的元素。METS 默认的编码方式是 UTF-8 Unicode。

文件内容元素包括以下属性：

ID(ID，可选)：<FContent>元素的唯一标识符，其他元素或文档可以通过该属性用 IDREF 或 XPTR 引用 <FContent>元素。

USE(字符串，可选)：为标记属性，表示文件组中文件的用途(如图像的主文件、参考文件、缩略图等)。USE 属性可以在 <fileGrp>、<file>、<FLocat>与/或 <FContent>等层次上表达。<fileGrp>元素的 USE 属性值适用于该 <fileGrp>下的所有文件。<file>元素的 USE 属性适用于其从属的 <FLocat>与/或 <FContent>元素表达的所有文件。<FLocat>或 <FContent>的 USE 属性适用于其外部引用的(<FLocat>)或内部包含(<FContent>)的文件。

示例：

以下是文件内容的例子：

```
<? xml version="1.0" encoding="UTF-8"? >
<mets:mets xmlns:mets="http://www.loc.gov/METS/"
xmlns:mods="http://www.loc.gov/mods/v3"
xmlns:xlink="http://www.w3.org/1999/xlink"
xmlns:xsi="http://www.w3.org/2001/XMLSchema-instance" xsi:schemaLocation="http://www.loc.gov/standards/mets/mets.xsd http://www.loc.gov/mods/v3/mods-3-1.xsd"
OBJID="ark:/13030/kt9s2009hz" LABEL="河工器具圖説">
…
    <mets:fileSec>
        <mets:fileGrp ID="TIFF_GRP01" USE="MASTER IMAGE">
            <mets:file ID="hg01m" SIZE="65768" CREATED="2006-04-11T07:35:22"
            MIMETYPE="image/tiff" ADMID="MIX_v1.0_TIFF_hg01m">
                <mets:FContent ID="hg01m.tiff" USE="Preservation Master">
                    <binData>[这里放置 base 64 编码的数据]</binData>
                </mets:FContent>
            </mets:file>
        </mets:fileGrp>
    <mets:fileSec>
```

4.6.2.5　字节流

字节流元素 <stream> 由一条或多条附属的流组成。例如，MPEG4 文件可包含若干个独立的音频流和视频流，以及相关的技术元数据。<stream> 元素可重复，可在某一文件中记录独立数据流的存在，需要时还可以将附属流与 <dmdSec> 和 <amdSec> 元素相关联。

字节流包括以下属性：

ID(ID，可选)：<stream> 元素的唯一标识符，其他元素或文档可以通过该属性用 IDREF 或 XPTR 引用 <stream> 元素。

streamTYPE(字符串，可选)：<stream> 的 IANA MIME 媒体类型。

OWNERID(字符串，可选)：所有者赋予文件的唯一标识符(可包含 URI)，可以使用与读取文件时不同的 URI。

ADMID(IDREFS，可选)：包含 <amdSec> 中的 <techMD>、<sourceMD>、<rightsMD> 与/或 <digiprovMD> 元素的 ID 属性值，这些元素包含文件的管理元数据。

DMDID(IDREFS，可选)：包含 <dmdSec> 元素的 ID 属性值，该元素包含(或链接到) <stream> 表达的内容文件的描述元数据。

示例：

本例是某个口述历史访谈的文件节摘录，由三种不同的格式表达：

- TEI 编码的转录文本
- WAV 格式的主音频文件
- MP3 格式的衍生音频文件

在 TEI 编码的转录文本中嵌入了一段 WAV 格式的音频文件，对应于文本中某一段口述访谈。混合内容文件的 XML 片段如下：

```
<mets:fileSec>
    <mets:fileGrp ID="FORMAT1" USE="Transcription">
        <mets:file ID="FILE001" MIMETYPE="application/xml" SIZE="104448" CREATED="2008-07-07">
            <mets:FLocat LOCTYPE="URL" xlink:href="http://baodiao.lib.tsinghua.edu.cn:4237/oralhistory/
            list/001.xml"
            </mets:FLocat>
        </mets:file>
    </mets:fileGrp>
    <mets:fileGrp ID="FORMAT2" USE="Master Audio">
        <mets:file ID="FILE002" MIMETYPE="audio/wav" SIZE="176952320" CREATED="2008-02-27"
        GROUPID="AUDIO1">
            <mets:FLocat LOCTYPE="URL" xlink:href="http://baodiao.lib.tsinghua.edu.cn:4237/oralhistory/
            list/001.wav">
            </mets:FLocat>
        </mets:file>
    </mets:fileGrp>
    <mets:fileGrp ID="MIXEDFORMAT" VERSDATE="2008-03-10" USE="Master Component Playback">
        <mets:file ID="FILE004_01" MIMETYPE="application/xml" SIZE="35555268" CREATED="2008-03-10">
```

```
        <mets:FLocat LOCTYPE = " URL"  xlink:href = " http://baodiao. lib. tsinghua. edu. cn:4237/oralhistory/
        list/001_comp01. xml"/>
        <mets:stream ID = " 001_COMP_01"  streamType = " AUDIO/X-WAV"  OWNERID = " BAODIAO_001_
        COMP_01"  DMDID = " MODS_001_COMP_01"/>
      </mets:file>
    </mets:fileGrp>
</mets:fileSec>
```

4.6.2.6 转换文件

转换文件元素 <transformFile>通过解压或转换附属文件，为访问 <file>元素下的任意附属文件提供了方式。该元素可重复，并可链接到 <behaviorSec>中执行转换行为的 <behavior>元素。

转换文件元素包括以下属性：

ID(ID，可选)：<transformFile>元素的唯一标识符，其他元素或文档可通过该属性用 IDREF 或 XPTR 引用 <transformFile>元素。

TRANSFORMTYPE(字符串，必备)：表示对需要转换的文件内容进行的转换类型。可以包括把文件解压到附属文件或附属流。XML 字符串的受控词表为“decompression”(解压)和“decryption”(解密)。decompression 定义为数据压缩的反向行为，如采用某种编译方法，以更少的字节编译信息。原始数据如经过加密，没有相应知识，加密数据将难以读取。decryption 即恢复原始数据的过程。

TRANSFORM-ALGORITHM(字符串，必备)：表明通过 decompression 或 decryption 访问文件内容的程序。压缩的算法可以是无损的，也可以是有损的。

TRANSFORMKEY(字符串，可选)：转换键，与转换算法配合使用，来获取文件内容。

TRANSFORM-BEHAVIOR(字符串，可选)：指向转换行为元素的 IDREF。

TRANSFORMORDER(正整型，必备)：解压或转换容器文件(container file)需要遵循的顺序。

示例：

本例是一个 *. tar. gz 文件，该文件嵌入了两个文件：TIFF 文件和同一图像的 JPEG 文件。使用 <fileSec>元素来描述这些文件，可以用以下方法使用 <transformFile>元素：

```
<mets:fileSec ID = "TransformEX_01" >
    <mets:fileGrp ID = "TAR_GZ_container_01"  USE = "Container" >
        <mets:file MIMETYPE = "application/tar. gz"  USE = "Container" >
            <mets:FLocat xlink:href = "file:sample01. tar. gz"  ID = "sampleTar01. gz"
            LOCTYPE = "URL" />
            <mets:transformFile TRANSFORMORDER = "1"  TRANSFORMTYPE = "decompression"
            TRANSFORMALGORITHM = "gunzip" >
            <mets:transformFile TRANSFORMORDER = "2"  TRANSFORMTYPE = "decompression"
            TRANSFORMALGORITHM = "tar" >
            </mets:transformFile>
        <mets:file SEQ = "1"  MIMETYPE = "image/tiff"  CHECKSUM =
        "c1b82611e48066016ceb8daa93d46de7" CHECKSUMTYPE = "HMACMD5" >
            <mets:FLocat xlink:href = "file:sample01_image01. tiff"  LOCTYPE = "URL"
USE = "Archival Master"/>
```

```
        </mets:file>
        <mets:file SEQ="2" MIMETYPE="image/jpeg" CHECKSUM="c3cb82611e48066016ceb8daa93d46df5"
        CHECKSUMTYPE="HMACMD5">
            <mets:FLocat xlink:href="file:sample01_image01jpeg" LOCTYPE="URL" USE="Display
            Derivative"/>
        </mets:file>
    </mets:fileGrp>
</mets:fileSec>
```

4.6.3 完整的文件节示例

示例1：

纸本书的每一页都由三个相关联的内容文件表示，分别为TIFF、JPEG和GIF格式：

```
<?xml version="1.0" encoding="UTF-8"?>
<mets:mets xmlns:mets="http://www.loc.gov/METS/" xmlns:mods="http://www.loc.gov/mods/v3" xmlns:xlink=
"http://www.w3.org/1999/xlink" xmlns:xsi="http://www.w3.org/2001/XMLSchema-instance" xsi:schemaLocation=
"http://www.loc.gov/METS/ http://www.loc.gov/standards/mets/mets.xsd http://www.loc.gov/mods/v3 http://www.
loc.gov/mods/v3/mods-3-1.xsd" OBJID="ark:/13030/kt9s2009hz" LABEL="河工器具圖説">
…
<mets:fileSec>
    <mets:fileGrp USE="MASTER IMAGE">
        <mets:file ID="hg01m" MIMETYPE="image/tiff">
            <mets:FLocat xlink:href="http://www.lib.tsinghua.edu.cn/standards/mets/docgroup/full/01/tif" LOC-
            TYPE="URL"/>
        </mets:file>
        <mets:file ID="hg02m" MIMETYPE="image/tiff">
            <mets:FLocat xlink:href="http://www.lib.tsinghua.edu.cn/standards/mets/docgroup/full/02.tif" LOC-
            TYPE="URL"/>
        </mets:file>
        <mets:file ID="hg03m" MIMETYPE="image/tiff">
            <mets:FLocat xlink:href="http://www.lib.tsinghua.edu.cn/standards/mets/docgroup/full/03.tif" LOC-
            TYPE="URL"/>
        </mets:file>…
    </mets:fileGrp>
    <mets:fileGrp USE="REFERENCE IMAGE">
        <mets:file ID="hg01r" MIMETYPE="image/jpeg">
            <mets:FLocat xlink:href="http://www.lib.tsinghua.edu.cn/standards/mets/docgroup/jpg/01.jpg" LOC-
            TYPE="URL"/>
        </mets:file>
        <mets:file ID="hg02r" MIMETYPE="image/jpeg">
            <mets:FLocat xlink:href="http://www.lib.tsinghua.edu.cn/standards/mets/docgroup/jpg/02.jpg" LOC-
            TYPE="URL"/>
```

```
        </mets:file>
        <mets:file ID="hg03r" MIMETYPE="image/jpeg">
            <mets: FLocat xlink: href=" http://www. lib. tsinghua. edu. cn/standards/mets/docgroup/jpg/03. jpg"
            LOCTYPE="URL"/>
        </mets:file>...
    </mets:fileGrp>
    <mets:fileGrp USE="THUMBNAIL IMAGE">
        <mets:file ID="hg01t" MIMETYPE="image/gif">
            <mets:FLocat xlink:href=" http://www. lib. tsinghua. edu. cn/standards/mets/docgroup/gif/01. gif" LOC-
            TYPE="URL"/>
        </mets:file>
        <mets:file ID="hg02t" MIMETYPE="image/gif">
            <mets:FLocat xlink:href=" http://www. lib. tsinghua. edu. cn/standards/mets/docgroup/gif/02. gif" LOC-
            TYPE="URL"/>
        </mets:file>
        <mets:file ID="hg03t" MIMETYPE="image/gif">
            <mets:FLocat xlink:href=" http://www. lib. tsinghua. edu. cn/standards/mets/docgroup/gif/03. gif" LOC-
            TYPE="URL"/>
        </mets:file>...
    </mets:fileGrp>
</mets:fileSec>
</mets:mets>
```

示例 2：

上述口述历史访谈的文件节 <fileSec> 以三种格式表示：

- TEI 编码的副本
- WAV 格式的主音频文件
- MP3 格式的衍生音频文件

本例的 <fileSec> 包含三个子 <fileGrp> 元素，每个子 <fileGrp> 元素对应一种对象格式。第一种对象格式是 XML 编码的转录文本文件，第二种是 WAV 格式的主音频文件，第三种是 MP3 格式的衍生音频文件。这样一个简单的例子似乎不需要 <fileGrp> 元素来区分不同的对象类型，但在包含大量扫描页面图像的对象中，或在单个对象版本包含大量文件的情况下，<fileGrp> 元素将很有用。将 <file> 元素划分到 <fileGrp> 元素下，将使文件的分类归属问题变得相当简单。

两个音频 <file> 元素的 GROUPID 属性值相同，都是“AUDIO01”，这表明虽然这两个文件格式不同，但包含相同的基本信息。在包含大量扫描页面图像的数字对象中，相同的页面图像文件也可用类似的方法表示。

混合格式数字对象的 XML 片段如下：

```
<mets:fileSec>
    <mets:fileGrpID="FORMAT1" USE="Transcription">
        <mets:file ID="FILE001" MIMETYPE="application/xml" SIZE="257537" CREATED="2001-06-10">
            <mets:FLocat LOCTYPE="URL" http://baodiao. lib. tsinghua. edu. cn:4237/oralhistory/list/001. xml
            </mets:FLocat>
        </mets:file>
    </mets:fileGrp>
```

```
< mets:fileGrpID = " FORMAT2"  USE = " Master Audio" >
    < mets:file ID = " FILE002"  MIMETYPE = " audio/wav"  SIZE = " 64232836"  CREATED = " 2001 - 05 - 17"
    GROUPID = " AUDIO1" >
        < mets:FLocat LOCTYPE = " URL"  http://baodiao. lib. tsinghua. edu. cn:4237/oralhistory/list/001. wav
        </mets:FLocat >
</mets:fileGrp >
< mets:fileGrpID = " FORMAT3"  VERSDATE = " 2001 - 05 - 18"  USE = " Derivative Audio" >
    < mets:file ID = " FILE003"  MIMETYPE = " audio/mpeg"  SIZE = " 8238866"  CREATED = " 2001 - 05 - 18"
    GROUPID = " AUDIO1" >
        < mets:FLocat LOCTYPE = " URL"  http://baodiao. lib. tsinghua. edu. cn:4237/oralhistory/list/001. mp3 >
        </mets:FLocat >
    </mets:file >
</mets:fileGrp >
</mets:fileSec >
```

4.7 结构图

4.7.1 概述

结构图 < structMap > 是 METS 文档的核心，其结构如图 6 所示。它把 < fileSec > 中 < file > 元素所描述的数字内容组织形成一个紧密的层次结构。层次结构可使用户便捷地理解和使用数字内容。在对内容文件各部分结构关系理解的基础上，它可以用于任意用途。层次结构的组织可以到任意粒度（包括逻辑与/或实体意义上）。由于 < structMap > 元素可重复，因此 METS 文档描述的数字内容可以有多种组织形式。

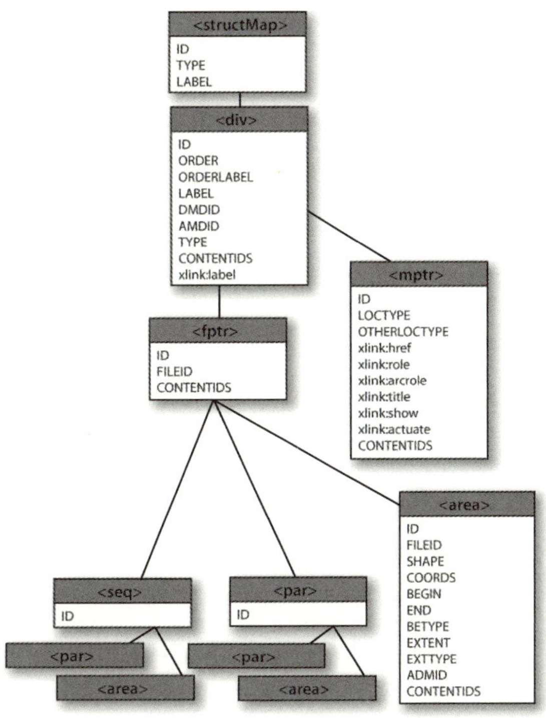

图 6　结构图元素结构

<structMap>的组织可以是逻辑的(如图书分成章节),可以是实体的(如图书按页码排列),也可以是逻辑和实体兼而有之(例如图书分成章节,进而按章节列出页码顺序)。<structMap>所组织的内容可以是许多数字内容文件的混合形式:结构化或非结构化文本、图像、音频、视频或应用程序(如 PDF)。

除了同一 METS 文档<fileSec>的<file>描述的内容之外,<structMap>还可以包含和组织外部 METS 文档描述的内容。例如,描述某种期刊数字版本的 METS 文档的<structMap>可将多个外部 METS 文档组织起来,各个外部 METS 文档分别按出版顺序描述期刊的某一卷期。描述期刊各个卷期的 METS 文档的<structMap>将卷期的内容组织起来。

除了组织内容之外,<structMap>还可以在任意层次结构把内容与其相关的描述元数据和管理元数据相连接。

<structMap>的层次结构编码成<div>元素嵌套的树形结构。<div>元素可以通过子文件指针<fptr>元素直接指向内容(如果该内容在<fileSec>中得以描述);<div>元素也可以通过子 METS 指针<mptr>元素指向内容(如果内容由外部 METS 文档描述)。<fptr>元素可以指向表现其父<div>的整个<file>元素,也可以指向<file>的某个部分(表现其部分的<div>)。它还可以指向多个文件或其部分,它们应按顺序或以平行的方式排列,从而表明其结构分区。

构建某一内容对象的数字版本有很多不同的方法,这也说明 METS 提供的文件结构的多样性和灵活性。对于某项具体工作,如何选择最优结构,取决于多方面的因素:数字化对象的性质、数字版本的目标用户、表现类型、可用表现程序的性能等。

4.7.2 结构图的属性

ID(ID,可选):<structMap>元素的唯一标识符,其他元素或文档可以通过该属性用 IDREF 或 XPTR 引用<structMap>元素。

TYPE(字符串,可选):<structMap>表现的结构类型。以纯粹逻辑结构表现的<structMap>的 TYPE 属性值为"logical"。以纯粹物理结构表现的<structMap>的 TYPE 属性值为"physical"。不过对于该属性,METS schema 没有定义(也没有通用的)词表。METS 应用纲要可以定义<structMap>TYPE 属性的受控词表。

LABEL(字符串,可选):用于向 METS 文档的读者描述<structMap>。当一个对象拥有多个<structMap>时,LABEL 属性将十分有用,它可以向读者说明每个<structMap>的用途。

4.7.3 结构图包含的元素

4.7.3.1 分区

<structMap>提供的分层组织的结构分区由<div>来表现,它可以嵌套至任意深度。<div>元素可以表示逻辑分区,也可以表示物理分区。通过 TYPE 属性,<div>元素可明确分区的类型。例如在一本由<div>分成章节和页面的电子书中,各层次<div>的 TYPE 属性值依次为"书""章"和"页"。

LABEL 属性值是可选的,它可以以明确方式标识<div>元素,向数字对象的用户展示。<div>的 LABEL 属性值的分层展示形成"目录",用户可以用它来理解数字对象表现的内容,并在内容中导航。在 METS 标准的不同应用中,LABEL 属性的用途也不同。

任何层次上的<div>元素都可通过 DMDID 属性,和一个或多个<dmdSec>元素相关联。<div>元素引用的描述元数据适用于整个<div>分区。任何层次上的<div>元素也可以和<rightsMD>、<tech-

MD >、< sourceMD >与/或 < digiprovMD >元素包含的管理元数据相关联。< div >元素的关联能力可把分区内容和控制其使用的权利元数据关联起来。例如，在 METS 编码的视频数字对象中，根 < div >可以指向表现版权和访问权限信息的 < rightsMD >。

分区包括以下属性：

ID（ID，可选）：< div >元素的唯一标识符，其他元素或文档可以通过该属性用 IDREF 或 XPTR 引用 < div >元素。

TYPE（字符串，可选）：结构分区 < div >表示的结构类型。TYPE 属性取值包括 chapter、article、page、track、segment、section 等。METS 对 TYPE 值没有严格规定。TYPE 的建议受控词表参见 METS 网站。

LABEL（字符串，可选）：向 METS 文档的终端读者描述 < div >。分层排列的 < div >的 LABEL 值可以为读者提供 METS 文档表现的数字内容的目录，便于读者对于数字对象的导航。注意 < div >的 LABEL 属性仅针对结构图的相应层次。以一本包含若干章节的书为例，全书 < div >的 LABEL 属性是书名，章节 < div >的 LABEL 属性是各章标题，而不是既包含书名也包含章节标题。LABEL 和 ORDERLABEL 的区别，参见 ORDERLABEL 属性。

DMDID（IDREFS，可选）：包含标识 < dmdSec >元素的 ID 属性值，< dmdSec >包含或链接到与该结构分区相关的描述元数据。

ADMID（IDREFS，可选）：包含 METS 文档 < amdSec >中 < rightsMD >、< techMD >、< sourceMD >与/或 < digiprovMD >元素的 ID 属性值，< amdSec >包含或链接到与该结构分区相关的管理元数据。< div >元素的 ADMID 属性一般可以用于标识 < rightsMD >元素或适用于该 < div >的元素，但在任何需要的情况下都可以用于链接 < div >元素及其相关的管理元数据。

ORDER（整型，可选）：表示 < div >元素在同级元素（例如绝对数字顺序）中的顺序。ORDER 和 ORDERLABEL 属性的区别，参见 ORDERLABEL 属性。

ORDERLABEL（字符串，可选）：表示 < div >元素在同级元素中的顺序（如 xii），可用于任何非整型原始记数系统。ORDERLABEL 属性值是机器可执行的（如支持“go to page_”函数），且不可替代 LABEL 属性。ORDER、ORDERLABEL 和 LABEL 的区别如下：假设一个文本的前 10 页是罗马数字，后 10 页是阿拉伯数字，则文本的第 iii 页的 ORDER 值是“3”，ORDERLABEL 值是“iii”，LABEL 值是“Page iii”；第 3 页的 ORDER 值是“13”，ORDERLABEL 值是“3”，LABEL 值是“Page 3”。

CONTENTIDS（URI，可选）：表示分区的内容 ID，相当于数字项目声明语言的数字项目标识符（DIDL DII），是一个唯一的外部 ID。

xlink：label（字符串，可选）：XLink 标签，可在 xlink：to 与/或 link：from 属性中被引用，与 METS 文档的 < structLink >节中的 < smlink >元素相关联。它为非层次结构的 < div >元素的关联提供基础。

示例：

本例说明 < div >元素的特征，包括 TYPE、LABEL 和 DMDID 属性等。

```
<?xml version="1.0" encoding="UTF-8"?>
<mets:mets xmlns:mets="http://www.loc.gov/METS/" xmlns:mods="http://www.loc.gov/mods/v3" xmlns:xlink="http://www.w3.org/1999/xlink" xmlns:xsi="http://www.w3.org/2001/XMLSchema-instance" xsi:schemaLocation="http://www.loc.gov/METS/ http://www.loc.gov/standards/mets/mets.xsd http://www.loc.gov/mods/v3 http://www.loc.gov/mods/v3/mods-3-1.xsd" OBJID="ark:/13030/kt9s2009hz" LABEL="河工器具圖説">
<mets:dmdSec ID="DMD1">
```

```
        <mets:mdWrap MDTYPE="MODS">
            <mets:xmlData>
                <mods:mods>
                    <mods:titleInfo>
                        <mods:title>河工器具圖説</mods:title>
                    </mods:titleInfo>
                </mods:mods>
            </mets:xmlData>
        </mets:mdWrap>
    </mets:dmdSec>
        …
        <mets:structMap TYPE="physical">
            <mets:div TYPE="book" LABEL="河工器具圖説" DMDID="DMD1">
                <mets:div TYPE="page" LABEL="版權頁"/>
                <mets:div TYPE="page" LABEL="河工器具圖説序"/>
                <mets:div TYPE="page" LABEL="河工器具圖説總目"/>
                <mets:div TYPE="page" LABEL="空白頁"/>
                <mets:div TYPE="page" LABEL="河工器具圖説卷一"/>
                <mets:div TYPE="page" LABEL="第一頁:圖"/>
                <mets:div TYPE="page" LABEL="第一頁:文字"/>
                <mets:div TYPE="page" LABEL="第二頁:圖"/>
                <mets:div TYPE="page" LABEL="第二頁:文字">
                <mets:div TYPE="page" LABEL="第三頁:圖"/>
                <mets:div TYPE="page" LABEL="第三頁:文字"/>
            </mets:div>
        </mets:structMap>
    </mets:mets>
```

每个<div>元素通过其子元素指向其表现的数字内容。如果内容由一个或多个外部 METS 文档表示，<div>元素可以通过<mptr>元素指向；如果内容由一个或多个<fileSec>中的<file>元素表示，<div>元素通过<fptr>元素指向。<div>元素除了通过其子元素<fptr>与/或<mptr>，直接指向表现的数字内容之外，本身还可以包含<div>元素，进一步细化分区表现的内容。

4.7.3.2 文件指针

文件指针元素<fptr>表示其<div>父元素指向的数字内容。<fptr>元素表现的数字内容的组成应是<fileSec>中的<file>元素所表现的整个文件或部分文件。<fptr>元素通过 FILEID 属性直接指向表现结构分区的单个<file>元素。<fptr>元素也可以控制<area>元素、<par>元素或<seq>元素，这些元素依次指向相关的文件。<area>子元素可以指向表现分区的<file>元素的一部分，<par>元素和<seq>元素可以指向多个文件或其部分，这些文件共同表现一个分区。

一个<div>元素可以和多个<fptr>元素相关联。通常同级<fptr>元素表示同一内容的不同版本或不同表现形式。例如，一篇文章的某一页可以用缩略图、参考图或主图像表示，还可以用页面内容的结构化文本表示。每一种版本都可用 <fileSec> 中的 <file> 元素表示。在 <structMap> 中，与该页面对应的 <div> 元素应该有四个 <fptr> 子元素，每个 <fptr> 子元素指向页面内容的一种表示方法。<fptr> 元素还具有 ID 和 CONTENTIDS 属性。

文件指针包括以下属性：

ID（ID，可选）：<fptr> 元素的唯一标识符，其他元素或文档可以通过该属性用 IDREF 或 XPTR 引用 <fptr> 元素。

FILEID（IDREF，可选）：为可选属性，提供标识 <file> 元素的 XML ID，<file> 元素包含或链接到 <fptr> 元素表示的数字内容。如果 <fptr> 元素没有 <area> 子元素、<par> 子元素或 <seq> 子元素，就只可以有一个 FILEID 属性值。如果 <fptr> 元素有子元素，<fptr> 元素指向相关内容的任务就落在子元素身上。

CONTENTIDS（URI，可选）：表示分区的内容 ID，相当于数字项目声明语言的数字项目标识符（DIDL DII），是一个唯一的外部 ID。

示例：

本例是用 <structMap> 表示纯物理结构的实例。根分区表示整本书，根分区下的每个结构分区表示书的每页。每个页面分区包含三种相关的内容文件，每种内容文件代表相同内容的一种图像格式（TIFF、JPEG 或 GIF）。

```
<mets:mets xmlns:mets="http://www.loc.gov/METS/" xmlns:mods="http://www.loc.gov/mods/v3" xmlns:xlink="http://www.w3.org/1999/xlink" xmlns:xsi="http://www.w3.org/2001/XMLSchema-instance" xsi:schemaLocation="http://www.loc.gov/METS/ http://www.loc.gov/standards/mets/mets.xsd http://www.loc.gov/mods/v3 http://www.loc.gov/mods/v3/mods-3-1.xsd" OBJID="ark:/13030/kt9s2009hz" LABEL="河工器具圖説">
    <mets:fileSec>
        <mets:fileGrp USE="MASTER IMAGE">
            <mets:file ID="hg01m" MIMETYPE="image/tiff">
                <mets:FLocat xlink:href="http://www.lib.tsinghua.edu.cn/standards/mets/docgroup/full01.tif"
                LOCTYPE="URL"/>
            </mets:file>
            <mets:file ID="hg02m" MIMETYPE="image/tiff">
                <mets:FLocat xlink:href="http://www.lib.tsinghua.edu.cn/standards/mets/docgroup/full/02.tif"
                LOCTYPE="URL"/>
            </mets:file>
            <mets:file ID="hg03m" MIMETYPE="image/tiff">
                <mets:FLocat xlink:href="http://www.lib.tsinghua.edu.cn/standards/mets/docgroup/full/03.tif"
                LOCTYPE="URL"/>
            </mets:file>
            …
        </mets:fileGrp>
        <mets:fileGrp USE="REFERENCE IMAGE">
            <mets:file ID="hg01r" MIMETYPE="image/jpeg">
            <mets:FLocat xlink:href="http://www.lib.tsinghua.edu.cn/standards/mets/docgroup/jpg/01.jpg"
            LOCTYPE="URL"/>
            </mets:file>
```

```
            < mets:file ID = "hg02r"  MIMETYPE = "image/jpeg" >
                < mets:FLocat xlink:href = "http://www. lib. tsinghua. edu. cn/standards/mets/docgroup/jpg/02. jpg"
                LOCTYPE = "URL"/ >
            </mets:file >
            < mets:file ID = "hg03r"  MIMETYPE = "image/jpeg" >
                < mets:FLocat xlink:href = "http://www. lib. tsinghua. edu. cn/standards/mets/docgroup/jpg/03. jpg"
                LOCTYPE = "URL"/ >
            </mets:file >
            …
        </mets:fileGrp >
        < mets:fileGrp USE = "THUMBNAIL IMAGE" >
            < mets:file ID = "hg01t"  MIMETYPE = "image/gif" >
                < mets: FLocatxlink: href = " http://www. lib. tsinghua. edu. cn/standards/mets/docgroup/gif/01. gif"
                LOCTYPE = "URL"/ >
            </mets:file >
            < mets:file ID = "hg02t"  MIMETYPE = "image/gif" >
            < mets:FLocat xlink:href = "http://www. lib. tsinghua. edu. cn/standards/mets/docgroup/gif/02. gif"  LOC-
            TYPE = "URL"/ >
            </mets:file >
            < mets:file ID = "hg03t"  MIMETYPE = "image/gif" >
                < mets: FLocat xlink: href = " http://www. lib. tsinghua. edu. cn/standards/mets/docgroup/gif/03. gif"
                LOCTYPE = "URL"/ >
            </mets:file >
            …
        </mets:fileGrp >
    </mets:fileSec >
    < mets:structMap TYPE = "physical" >
        < mets:div TYPE = "book"  LABEL = "河工器具圖説"  DMDID = "DMD1" >
            < mets:div TYPE = "page"  LABEL = "版權頁" >
                < mets:fptr FILEID = "hg01m"/ >
                < mets:fptr FILEID = "hg01r"/ >
                < mets:fptr FILEID = "hg01t"/ >
            </mets:div >
            < mets:div TYPE = "page"  LABEL = "河工器具圖說序" >
                < mets:fptr FILEID = "hg02m"/ >
                < mets:fptr FILEID = "hg02r"/ >
                < mets:fptr FILEID = "hg02t"/ >
            </mets:div >
            < mets:div TYPE = "page"  LABEL = "河工器具圖說總目" >
                < mets:fptr FILEID = "hg03m"/ >
                < mets:fptr FILEID = "hg03r"/ >
```

```
            <mets:fptr FILEID="hg03t"/>
          </mets:div>
          …
        </mets:div>
      </mets:structMap>
    </mets:mets>
```

4.7.3.3 METS 指针

METS 指针元素 <mptr> 和 <fptr> 类似，表示其 <div> 父元素表现的数字内容。<fptr> 直接或间接指向 METS 文档的 <fileSec> 中的内容，而 <mptr> 则指向外部 METS 文档表示的内容。因此，<mptr> 元素可用一个 METS 文档，将多个零散或独立的 METS 文档在更高的级别上组织起来。例如，表示某种期刊各卷期的 METS 文档，可以被更高级别的 METS 文档组织起来，形成整个期刊。表示整个期刊的 METS 文档的 <structMap>，通过 <mptr> 子元素，其每个 <div> 元素指向一个表示某一期的 METS 文档。通过处理 <structMap> 的层次深度，<mptr> 元素为 METS 用户提供了很大的灵活性。

<mptr> 元素通过 xlink:herf 属性和相关的 XLink 属性指向外部 METS 文档。<Flocat> 元素也可以用同一机制把 <file> 元素和内容文件相关联。

METS 指针包括以下属性：

ID(ID，可选)：<FLocat> 元素的唯一标识符，其他元素或文档可以通过该属性用 IDREF 或 XPTR 引用 <FLocat> 元素。

LOCTYPE(字符串，必备)：说明定位器类型，用于 xlink:href 属性，其有效值为 ARK、URN、URL、PURL、HANDLE、DOI、OTHER。

OTHERLOCTYPE(字符串，可选)：当 LOCTYPE 属性值为 OTHER 时，该属性用于说明指针类型。该属性非必备，但在 LOCTYPE 属性值为 OTHER 时，建议使用该属性。

CONTENTIDS(URI，可选)：表示 <mptr> 类型表现的内容 ID。

xlink:href(URI，可选)：提供内容文件的 URI，表明父文件表现的内容文件的位置。只要 <FLocat> 有意义或需要使用，xlink:href 就应该存在。该属性被定义为 xlink:simpleLink 属性组的一部分。

xlink:role(URI，可选)：起语义的作用。该属性如果存在，将明确资源的 URI，该资源描述 xlin:href 链接的作用和功能。该属性是 xlink:simpleLink 属性组的一部分。根据 IETF RFC 2396 的定义，该属性应是 URI 引用，其 URI 部分应是绝对形式，除非使用的 URI scheme 允许使用绝对和相对形式。

xlink:arcrole(URI，可选)：如存在，将起语义的作用，用于明确资源的 URI，该资源描述相关弧或指向远程资源的指针。和 simpleLink 相比，该属性在 arcLink 中使用更多，但该属性被定义为 xlink:simpleLink 属性组的一部分。根据 IETF RFC 2396 的定义，该属性应是 URI 引用，其 URI 部分应是绝对形式，除非使用的 URI scheme 允许使用绝对和相对形式。

xlink:title(字符串，可选)：以可读的方式描述某个链接或资源的意义，起语义的作用。

xlink:show(字符串，可选)：在 simpleLink 中表示遍历 simpleLink 远程终端资源的行为意向。可取值如下：new、replace、embed、other、none。

xlink:actuate(字符串，可选)：在 simpleLink 中表示遍历 simpleLink 远程终端资源的行为意向。可取值如下：onLoad、onRequest、other、none。

示例：

本例是两卷本的书，每卷用一个独立的 METS 文档表示。使用 <mptr>元素，把两个 METS 文档组织成一个 METS 文档。

```
<mets:mets xmlns:mets="http://www.loc.gov/METS/" xmlns:mods="http://www.loc.gov/mods/v3" xmlns:xlink="http://www.w3.org/1999/xlink" xmlns:xsi="http://www.w3.org/2001/XMLSchema-instance" xsi:schemaLocation="http://www.loc.gov/METS/ http://www.loc.gov/standards/mets/mets.xsd http://www.loc.gov/mods/v3 http://www.loc.gov/mods/v3/mods-3-1.xsd" OBJID="ark:/13030/kt9s2009hz" LABEL="河工器具圖説卷一、卷二">
    <mets:dmdSec ID="DMD1">
        <mets:mdWrap MDTYPE="MODS">
            <mets:xmlData>
                <mods:mods>
                    <mods:titleInfo>
                        <mods:title>河工器具圖説:4 卷</mods:title>
                    </mods:titleInfo>
                    <mods:physicalDescription>
                        <mods:extent>2 卷;17cm</mods:extent>
                    </mods:physicalDescription>
                </mods:mods>
            </mets:xmlData>
        </mets:mdWrap>
    </mets:dmdSec>
    <mets:structMap TYPE="physical">
        <mets:div TYPE="multivolume book" LABEL="河工器具圖説卷一、卷二" DMDID="DMD1">
            <mets:div TYPE="volume" LABEL="卷一">
                <mets:mptr LOCTYPE="URL" xlink:href="http://www.lib.tsinghua.edu.cn/standards/mets/documentation/hgqjtsI.xml"/>
            </mets:div>
            <mets:div TYPE="volume" LABEL="卷二">
                <mets:mptr LOCTYPE="URL" xlink:href="http://www.lib.tsinghua.edu.cn/standards/mets/documentation/hgqjtsII.xml"/>
            </mets:div>
        </mets:div>
    </mets:structMap>
</mets:mets>
```

4.7.3.4 域

域元素<area>通常指向<fileSec>中<file>元素表现的文件某个部分或区域的内容。某些情况下，<area>元素也可以指向整个文件表现的内容。

当<file>的某个部分（而非整个<file>）表现<fptr>元素表示的数字内容时，单个<area>元素一般作为<fptr>的直接子元素出现。在这种情况下，<area>元素通过其 FILEID 属性来标识相关的<file>，并通过 SHAPE 和 COORDS 属性（数字内容为图像时），或 BETYPE、BEGIN、END、EXTTYPE 和

EXTENT 属性的组合(数字内容为文本、音视频时),来明确文件的相关区域。

当多个文件或其部分表示 <fptr> 表现的数字内容时,多个 <area> 元素作为 <par> 元素或 <seq> 元素的直接子元素出现。<par> 和 <seq> 元素将多个文件或其部分分组,它们应平行或顺序排列,表现 <fptr> 父元素表示的数字内容。在这些情况下,每一个独立文件或其片段均由 <area> 子元素表示。当 <area> 作为 <fptr> 的直接子元素时,<area> 通常仅指向整个文件的某个区域或片段。当 <area> 在 <par> 或 <seq> 元素中使用时,<area> 可以根据需要,指向整个文件或其片段。

域元素包括以下属性:

ID(ID,可选):<area> 元素的唯一标识符,其他元素或文档可以通过该属性用 IDREF 或 XPTR 引用 <area> 元素。

FILEID(IDREF,必备):提供 XMLID 值,用于识别 <fileSec> 中的 <file> 元素,指向与/或包含 <area> 元素表现的数字内容。该属性应包含表现为 ID 属性的 ID 值,与同一 METS 文档的 <fileSec> 中的 <file> 元素相关联。

SHAPE(字符串,可选):类似于在 HTML 中的用法,用来定义 <area> 元素指向的内容文件区域的形状。通常该属性和图像内容(静态图像或视频帧)一起使用,仅涉及某个图像文件的一部分。SHAPE 属性一经指定,就应该有 COORDS 属性。SHAPE 应该和 COORDS 属性一起,以 HTML4 的 <area> 元素对于形状和坐标定义的方式使用。SHAPE 的取值如下:RECT、CIRCLE、POLY。

COORDS(字符串,可选):为影像地图的 SHAPE 属性指明的相关区域指定坐标。尽管 SHAPE 和 COORDS 非必备,但是 SHAPE 和 COORDS 属性应同时出现,定义图像内容的相关区域。SHAPE 应该和 COORDS 属性一起,以 HTML4 的 <area> 元素对于形状和坐标定义的方式使用。COORDS 在表示影像地图的坐标时,应该是整数值对,以逗号分隔(如果是圆形,加上半径)。坐标的数量取决于区域的形状:RECT(矩形):x1,y1,x2,y2;CIRC(圆形):x1,y1;POLY(多边形):x1,y1,x2,y2,x3,y3...

BEGIN(字符串,可选):用于指明内容文件中相关部分的起点。BEGIN 属性可以和 END 属性或 EXTENT 属性一起使用,用于精确定义文件的相关区域。只有和 BETYPE(表示起点/终点的取值类型)或 EXTTYPE(表示起点/范围的取值类型)一起使用,BEGIN 属性才有意义。BEGIN 可以和 END 或 EXTTYPE 元素一起使用,也可以单独使用。内容文件 END 的默认值是终点。

END(字符串,可选):用于指明内容文件中相关部分的终点。只有和 BETYPE(表示起点/终点的取值类型)属性一起使用,END 属性才有意义。END 属性通常和 BEGIN 属性一起使用。

BETYPE(字符串,可选):表示起点与/或终点的取值类型。如果取值类型是 BYTE,起点和终点值即文件的字节偏移量。如果取值类型是 IDREF,则 BEGIN 元素可指定 ID 值,该 ID 在结构化文本文件中标识文件某部分的开始元素;END 值(如果存在)指定的 ID 值即标识文件相关部分中的结束元素。BETYPE 取值如下:BYTE、IDREF、SMIL、MIDI、SMPTE - 25、SMPTE - 24、SMPTE-DF30、SMPTE-NDF30、SMPTE-DF29.97、SMPTE-NDF29.97、TIME、TCF。

EXTENT(字符串,可选):用于指明内容文件相关部分的范围。只有和 EXTTYPE(表示取值类型)一起使用,EXTENT 才有意义。EXTENT 属性通常和 BEGIN 元素一起使用。当 BEGIN 点是 IDREF 时,不使用 EXTTYPE 属性。

EXTTYPE(字符串,可选):表示使用的 EXTENT 的取值类型。如果取值类型是 BYTE,EXTENT 表示字节数。如果取值类型是 TIME,EXTENT 表示持续时间。EXTENT 取值如下:BYTE、SMIL、MIDI、

SMPTE－25、SMPTE－24、SMPTE-DF30、SMPTE-NDF30、SMPTE-DF29.97、SMPTE-NDF29.97、TIME、TCF。

ADMID(IDREFS,可选):包含 METS 文档 <amdSec> 中 <rightsMD>、<techMD>、<sourceMD> 与/或 <digiprovMD> 元素的 ID 属性值, <amdSec> 包含或链接到与该结构分区相关的管理元数据。<area> 元素的 ADMID 属性一般可以用于标识 <rightsMD> 元素或适用于该 <area> 的元素,但在任何需要的情况下都可以用于链接 <area> 元素及其相关的管理元数据。

CONTENTIDS(URI,可选):表示 <mptr> 的内容 ID,相当于数字项目声明语言的数字项目标识符(DIDL DII),是一个唯一的外部 ID。

示例:

本例使用 <area> 元素描述图像文件的独立特定区域(被相关的 FILEID 属性引用),既说明 <area> 元素作为 <fptr> 元素的直接子元素的使用,又说明 <area> 元素作为 <seq> 元素的直接子元素的使用。前一例子,引用图像的指定区域表现自己的父分区。后一例子,两幅不同图像的特定区域应按顺序显示,才可以完整表现父分区。

```
<?xml version="1.0" encoding="UTF-8"?>
<mets:mets xmlns:mets="http://www.loc.gov/METS/" xmlns:xlink="http://www.w3.org/1999/xlink" xmlns:xsi="http://www.w3.org/2001/XMLSchema-instance" xsi:schemaLocation="http://www.loc.gov/METS/ http://www.loc.gov/standards/mets/mets.xsd" OBJID="ark:/13030/kt9s2009hz" LABEL="Martial Epigrams">
    <mets:fileSec>
        <mets:fileGrp USE="REFERENCE IMAGE">
            <mets:file ID="epi09r" MIMETYPE="image/jpeg">
                <mets:FLocat xlink:href="http://www.loc.gov/standards/mets/docgroup/jpg/09.jpg" LOCTYPE="URL"/>
            </mets:file>
            <mets:file ID="epi11r" MIMETYPE="image/jpeg">
                <mets:FLocat xlink:href="http://www.loc.gov/standards/mets/docgroup/jpg/11.jpg" LOCTYPE="URL"/>
            </mets:file>
            <mets:file ID="epi13r" MIMETYPE="image/jpeg">
                <mets:FLocat xlink:href="http://www.loc.gov/standards/mets/docgroup/jpeg/13.jpg" LOCTYPE="URL"/>
            </mets:file>
        </mets:fileGrp>
    </mets:fileSec>
    <mets:structMap TYPE="logical">
        <mets:div TYPE="volume" LABEL="Martial Epigrams II">
            <mets:div TYPE="section" LABEL="Book VIII">
                <mets:div TYPE="introduction" LABEL="Introduction: Latin">
                    <mets:fptr>
                        <mets:seq>
                            <mets:area FILEID="epi09r" SHAPE="RECT" COORDS="0,1150,2500,3150"/>
                            <mets:area FILEID="epi11r" SHAPE="RECT" COORDS="0,600,2500,900"/>
                        </mets:seq>
```

```
                </mets:fptr>
            </mets:div>
            <mets:div TYPE="epigram" LABEL="Epigram I: Latin">
                <mets:fptr>
                    <mets:area FILEID="epi11r" SHAPE="RECT" COORDS="0,1000,2500,1500"/>
                </mets:fptr>
            </mets:div>
            <mets:div TYPE="epigram" LABEL="Epigram II: Latin">
                <mets:fptr>
                    <mets:area FILEID="epi11r" SHAPE="RECT" COORDS="0,1500,2500,2350"/>
                </mets:fptr>
            </mets:div>
            <mets:div TYPE="epigram" LABEL="Epigram III: Latin">
                <mets:fptr>
                    <mets:seq>
                        <mets:area FILEID="epi11r" SHAPE="RECT" COORDS="0,2350,2500,3050"/>
                        <mets:area FILEID="epi13r" SHAPE="RECT" COORDS="0,500,2500,2100"/>
                    </mets:seq>
                </mets:fptr>
            </mets:div>
            <mets:div TYPE="epigram" LABEL="Epigram IV: Latin">
                <mets:fptr>
                    <mets:area FILEID="epi13r" SHAPE="RECT" COORDS="0,2100,2500,2700"/>
                </mets:fptr>
            </mets:div>
        </mets:div>
    </mets:div>
  </mets:structMap>
</mets:mets>
```

4.7.3.5 文件顺序

文件顺序元素<seq>是指针的集合，这些指针指向文件、文件某部分、文件或其部分的平行组合，它们应按顺序播放或显示，从而表现一块数字内容。例如，<div>父元素表现某个逻辑分区（比如日志），逻辑分区涵盖日志的多个页面，以及多个页面的图像文件。<seq>元素集合了多个顺序排列的<area>元素，分别指向一个顺序排列的图像文件，从而表现整个日志。如果日志从页面中间开始，第一个<area>元素（表示日志开始的页面）需要通过 SHAPE 和 COORDS 属性，指定它表示的图像文件的相关区域。

文件顺序元素包括以下属性：

ID（ID，可选）：<seq>元素的唯一标识符，其他元素或文档可以通过该属性用 IDREF 或 XPTR 引用<seq>元素。

示例：

本例说明<structMap>提供的数字内容的逻辑结构如何由<seq>元素支持。该结构组织独立于模拟资源的实体结构。<structMap>将 *Epigrams* 的第八章分为拉丁文和英文两个版本，均由组成该版本的文件顺序表现。

```
<mets:mets xmlns:mets="http://www.loc.gov/METS/" xmlns:mods="http://www.loc.gov/mods/v3" xmlns:xlink="http://www.w3.org/1999/xlink" xmlns:xsi="http://www.w3.org/2001/XMLSchema-instance" xsi:schemaLocation="http://www.loc.gov/METS/ http://www.loc.gov/standards/mets/mets.xsd http://www.loc.gov/mods/v3 http://www.loc.gov/mods/v3/mods-3-1.xsd" OBJID="ark:/13030/kt9s2009hz" LABEL="Martial Epigrams">
    <mets:fileSec>
        <mets:fileGrp USE="REFERENCE IMAGE">
            <mets:file ID="epi09r" MIMETYPE="image/jpeg">
                <mets:FLocat xlink:href="http://www.loc.gov/standards/mets/docgroup/jpg/09.jpg" LOCTYPE="URL"/>
            </mets:file>
            <mets:file ID="epi10r" MIMETYPE="image/jpeg">
                <mets:FLocat xlink:href="http://www.loc.gov/standards/mets/docgroup/jpg/10/jpg" LOCTYPE="URL"/>
            </mets:file>
            <mets:file ID="epi11r" MIMETYPE="image/jpeg">
                <mets:FLocat xlink:href="http://www.loc.gov/standards/mets/docgroup/jpg/11.jpg" LOCTYPE="URL"/>
            </mets:file>
            <mets:file ID="epi12r" MIMETYPE="image/jpeg">
                <mets:FLocat xlink:href="http://www.loc.gov/standards/mets/docgroup/jpg/12.jpg" LOCTYPE="URL"/>
            </mets:file>
            <mets:file ID="epi13r" MIMETYPE="image/jpeg">
                <mets:FLocatxlink:href="http://www.loc.gov/standards/mets/docgroup/jpg/13.jpg" LOCTYPE="URL"/>
            </mets:file>
            <mets:file ID="epi14r" MIMETYPE="image/jpeg">
                <mets:FLocat xlink:href="http://www.loc.gov/standards/mets/docgroup/jpg/14.jpg" "LOCTYPE="URL"/>
            </mets:file>
            …
        </mets:fileGrp>
    </mets:fileSec>
    <mets:structMap TYPE="logical">
        <mets:div TYPE="volume" LABEL="Martial Epigrams II">
            <mets:div TYPE="section" LABEL="Book VIII">
                <mets:div TYPE="subsection" LABEL="Latin version">
                    <mets:fptr>
```

```
                <mets:seq>
                    <mets:area FILEID="epi09r"/>
                    <mets:area FILEID="epi11r"/>
                    <mets:area FILEID="epi13r"/>
                    …
                </mets:seq>
            </mets:fptr>
        </mets:div>
        <mets:div TYPE="subsection" LABEL="English version">
            <mets:fptr>
                <mets:seq>
                    <mets:area FILEID="epi10r"/>
                    <mets:area FILEID="epi12r"/>
                    <mets:area FILEID="epi14r"/>
                    …
                </mets:seq>
            </mets:fptr>
        </mets:div>
      </mets:div>
    </mets:div>
  </mets:structMap>
</mets:mets>
```

当多个顺序排列的文件或其部分应同时播放/显示，来表现控制 <fptr> 元素的内容时，多个 <seq> 元素应出现在一个 <par> 元素下。这种情况的完整描述，参见 <par> 元素。

4.7.3.6 平行文件

平行文件元素 <par> 是指针的集合，这些指针指向文件、文件某部分、文件或其部分的平行组合，它们应按顺序播放或显示，从而表现由 <fptr> 表示的一块数字内容。

以多媒体内容文件为例，如配有讲解音轨的静态图像，一个 <par> 元素集合两个 <area> 元素，一个 <area> 元素指向图像文件，另一个指向音频文件（应配合图像同步播放）。如果只有部分图像相关，与图像相关的 <area> 元素需要通过 SHAPE 和 COORDS 属性进一步描述。如果只有部分音频相关，与音频相关的 <area> 元素则需要通过 BETYPE、BEGIN、EXTTYPE 和 EXTENT 属性进一步描述。

平行文件元素包括以下属性：

ID（ID，可选）：<par> 元素的唯一标识符，其他元素或文档可以通过该属性用 IDREF 或 XPTR 引用 <par> 元素。

示例 1：

本例的 <structMap> 采用 <par> 元素，重现原书的体验和意图。原书中，一页拉丁文原文和对应的一页英文翻译同时出现。<par> 元素将两种语言成对出现的图像集合在一起，达到重现原书的目的。

```
<mets:mets xmlns:mets="http://www.loc.gov/METS/" xmlns:mods="http://www.loc.gov/mods/v3" xmlns:xlink=
"http://www.w3.org/1999/xlink" xmlns:xsi="http://www.w3.org/2001/XMLSchema-instance" xsi:schemaLocation=
```

```
"http://www. loc. gov/METS/ http://www. loc. gov/standards/mets/mets. xsdhttp://www. loc. gov/mods/v3 http://www. loc. gov/mods/v3/mods-3-1. xsd" OBJID = "ark:/13030/kt9s2009hz" LABEL = "Martial Epigrams" >
    < mets:fileSec >
        < mets:fileGrp USE = "REFERENCE IMAGE" >
            < mets:file ID = "epi09r" MIMETYPE = "image/jpeg" >
                < mets: FLocat xlink: href = " http://www. loc. gov/standards/mets/docgroup/jpg/09/jpg" LOC-
                TYPE = "URL"/ >
            < /mets:file >
            < mets:file ID = "epi10r" MIMETYPE = "image/jpeg" >
                < mets: FLocat xlink: href = " http://www. loc. gov/standards/mets/docgroup/jpg/10. jpg" LOC-
                TYPE = "URL"/ >
            < /mets:file >
            < mets:file ID = "epi11r" MIMETYPE = "image/jpeg" >
                < mets: FLocat xlink: href = " http://www. loc. gov/standards/mets/docgroup/jpg/11. jpg" LOC-
                TYPE = "URL"/ >
            < /mets:file >
            < mets:file ID = "epi12r" MIMETYPE = "image/jpeg" >
                < mets: FLocat xlink: href = " http://www. loc. gov/standards/mets/docgroup/jpg/12. jpg" LOC-
                TYPE = "URL"/ >
            < /mets:file >
            < mets:file ID = "epi13r" MIMETYPE = "image/jpeg" >
                < mets:FLocat xlink:href = " http://www. loc. gov/standards/mets/docgroup/jpg/13. jpg" "LOC-
                TYPE = "URL"/ >
            < /mets:file >
            < mets:file ID = "epi14r" MIMETYPE = "image/jpeg" >
                < mets: FLocat xlink: href = " http://www. loc. gov/standards/mets/docgroup/jpg/14. jpg" LOC-
                TYPE = "URL"/ >
            < /mets:file >
            …
        < /mets:fileGrp >
    < /mets:fileSec >
    < mets:structMap TYPE = "logical" >
        < mets:div TYPE = "volume" LABEL = "Martial Epigrams II" >
            < mets:div TYPE = "section" LABEL = "Book VIII" >
                < mets:div TYPE = "paired pages" LABEL = "page 1: Latin & English" >
                    < mets:fptr >
                        < mets:par >
                            < mets:area FILEID = "epi09r"/ >
                            < mets:area FILEID = "epi10r"/ >
                        < /mets:par >
                    < /mets:fptr >
```

```
                    </mets:div>
                    <mets:div TYPE="paired pages" LABEL="page 2: Latin & English">
                        <mets:fptr>
                            <mets:par>
                                <mets:area FILEID="epi11r"/>
                                <mets:area FILEID="epi12r"/>
                            </mets:par>
                        </mets:fptr>
                    </mets:div>
                    <mets:div TYPE="paired pages" LABEL="page 3: Latin & English">
                        <mets:fptr>
                            <mets:par>
                                <mets:area FILEID="epi13r"/>
                                <mets:area FILEID="epi14r"/>
                            </mets:par>
                        </mets:fptr>
                    </mets:div>
                    …
                </mets:div>
            </mets:div>
        </mets:structMap>
    </mets:mets>
```

<par>元素也可以集合<seq>元素，表现文件或其部分的顺序，它们应同时播放或显示，来表现<fptr>表示的内容。例如，某个比特流需要和其他流同时播放，但由于比特流太大(如高品质的多声道音频或视频)，因而不适合单个文件。此时可以使用<seq>子元素，每一序列文件按其播放顺序分别标识组成特定比特流的文件。

<area>和<seq>可以是子单元，但不可以在同一个<par>元素下同时直接使用。一个<par>只可以包含一组<area>元素，或一组<seq>元素。如果<par>元素将<seq>元素集合在一起，<seq>元素本身会集合指向相关文件或其部分的<area>元素。

本例说明<par>元素下的<seq>元素的使用。<structMap>将拉丁文和英文版本平行展示。拉丁文和英文版本在原书中以单页显示，在电子版中以单独的图像文件集形式存在。<structMap>把电子版按逻辑结构排列，其分区由单个引用图像文件的部分表示。对于包含两个分区(“Introduction”和“Book VIII, Epigram III”)的情况，相关部分涵盖两个图像文件。因而两个图像文件的相关区域应该顺序排列，表现其分区；两个不同序列之间应该平行排列，同时表现拉丁文和英文两个版本。

示例2:

```
<mets:mets xmlns:mets="http://www.loc.gov/METS/" xmlns:xlink="http://www.w3.org/1999/xlink" xmlns:xsi="http://www.w3.org/2001/XMLSchema-instance" xsi:schemaLocation="http://www.loc.gov/METS/ http://www.loc.gov/standards/mets/mets.xsd" OBJID="ark:/13030/kt9s2009hz" LABEL="Martial Epigrams">
    <mets:fileSec>
        <mets:fileGrp USE="REFERENCE IMAGE">
```

```
<mets:file ID="epi09r" MIMETYPE="image/jpeg">
    <mets:FLocat xlink:href="http://www.loc.gov/standards/mets/docgroup/jpg/09.jpg" LOC-
    TYPE="URL"/>
</mets:file>
<mets:file ID="epi10r" MIMETYPE="image/jpeg">
    <mets:FLocat xlink:href="http://www.loc.gov/standards.mets/docgroup/jpg/10.jpg" LOC-
    TYPE="URL"/>
</mets:file>
<mets:file ID="epi11r" MIMETYPE="image/jpeg">
    <mets:FLocat xlink:href="http://www.loc.gov/standards/mets/docgroup/jpg/11.jpg" LOC-
    TYPE="URL"/>
</mets:file>
<mets:file ID="epi12r" MIMETYPE="image/jpeg">
    <mets:FLocat xlink:href="http://www.loc.gov/standards/mets/docgroup/jpg/12.jpg" LOC-
    TYPE="URL"/>
</mets:file>
<mets:file ID="epi13r" MIMETYPE="image/jpeg">
    <mets:FLocat xlink:href="http://www.loc.gov/standards/mets/docgroup/jpg/13.jpg" LOC-
    TYPE="URL"/>
</mets:file>
<mets:file ID="epi14r" MIMETYPE="image/jpeg">
    <mets:FLocat xlink:href="http://www.loc.gov/standards/mets/docgroup/jpg/14.jpg" LOC-
    TYPE="URL"/>
</mets:file>
</mets:fileGrp>
</mets:fileSec>
<mets:structMap TYPE="logical">
  <mets:div TYPE="volume" LABEL="Martial Epigrams II">
    <mets:div TYPE="section" LABEL="Book VIII">
      <mets:div TYPE="epigram" LABEL="Introduction: Latin & English">
        <mets:fptr>
          <mets:par>
            <mets:seq>
              <mets:area FILEID="epi09r" SHAPE="RECT" COORDS="0,1150,2500,
              3150"/>
              <mets:area FILEID="epi11r" SHAPE="RECT" COORDS="0,600,2500,
              900"/>
            </mets:seq>
            <mets:seq>
              <mets:area FILEID="epi10r" SHAPE="RECT" COORDS="0,1100,2500,
              3300"/>
```

```
                <mets:area FILEID="epi12r" SHAPE="RECT" COORDS="0,650,2500,950"/>
            </mets:seq>
        </mets:par>
    </mets:fptr>
</mets:div>
<mets:div TYPE="epigram" LABEL="Epigram I: Latin & English">
    <mets:fptr>
        <mets:par>
            <mets:area FILEID="epi11r" SHAPE="RECT" COORDS="0,1000,2500,1500"/>
            <mets:area FILEID="epi12r" SHAPE="RECT" COORDS="0,950,2500,1600"/>
        </mets:par>
    </mets:fptr>
</mets:div>
<mets:div TYPE="epigram" LABEL="Epigram II: Latin & English">
    <mets:fptr>
        <mets:par>
            <mets:area FILEID="epi11r" SHAPE="RECT" COORDS="0,1500,2500,2350"/>
            <mets:area FILEID="epi12r" SHAPE="RECT" COORDS="0,1600,2500,2350"/>
        </mets:par>
    </mets:fptr>
</mets:div>
<mets:div TYPE="epigram" LABEL="Epigram III: Latin & English">
    <mets:fptr>
        <mets:par>
            <mets:seq>
                <mets:area FILEID="epi11r" SHAPE="RECT" COORDS="0,2350,2500,3050"/>
                <mets:area FILEID="epi13r" SHAPE="RECT" COORDS="0,500,2500,2100"/>
            </mets:seq>
            <mets:seq>
                <mets:area FILEID="epi12r" SHAPE="RECT" COORDS="0,2350,2500,3050"/>
                <mets:area FILEID="epi14r" SHAPE="RECT" COORDS="0,600,2500,2100"/>
            </mets:seq>
```

```
                  </mets:par>
              </mets:fptr>
          </mets:div>
          <mets:div TYPE="epigram" LABEL="Epigram IV: Latin & English">
              <mets:fptr>
                  <mets:par>
                      <mets:area FILEID="epi13r" SHAPE="RECT" COORDS="0,2100,2500,
                      2700"/>
                      <mets:area FILEID="epi14r" SHAPE="RECT" COORDS="0,2100,2500,
                      2700"/>
                  </mets:par>
              </mets:fptr>
          </mets:div>
      </mets:div>
    </mets:div>
  </mets:structMap>
</mets:mets>
```

4.8 结构链接

4.8.1 概述

结构链接节元素 <structLink> 用于在结构图描述的 METS 结构的不同部分之间建立超链接，其结构如图 7 所示。该元素包含单独的、可重复的 <smLink> 元素，<smLink> 元素表示结构图中两个节点的超链接。METS 文档的 <structLink> 通过其 XML ID 属性被标识。

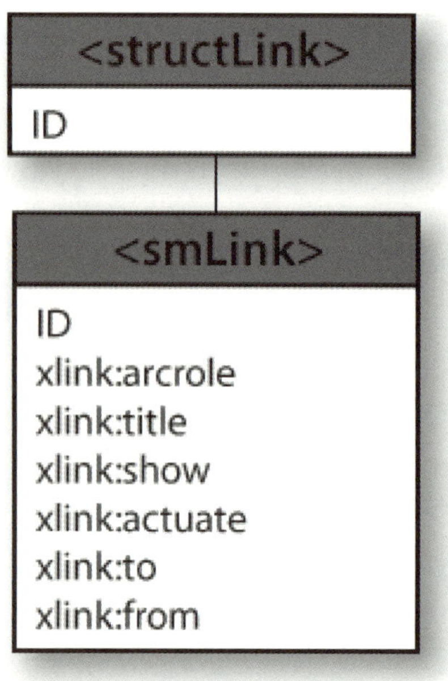

图 7　结构链接结构图

4.8.2 结构链接属性

ID(ID,可选):<structLink>元素的唯一标识符,其他元素或文档可以通过该属性用 IDREF 或 XPTR 引用<structLink>元素。

4.8.3 结构图链接元素<smLink>

结构链接节中包含结构图链接元素<smLink>。<smLink>元素表示结构图中两个节点之间的超链接。如果希望在 METS 记录链接,可以使用<smLink>元素记录网页之间的超链接。<smLink>元素有九个属性。

<smLink>元素是一个空元素。<smLink>元素指向的位置应存储在 xlink:href 属性中。

结构图链接元素包括以下属性:

ID(ID,可选):<smLink>元素的唯一标识符,其他元素或文档可以通过该属性用 IDREF 或 XPTR 引用<smLink>元素。

xlink:arcrole(URI,可选):如存在,将起语义的作用,用于明确资源的 URI,该资源描述相关弧或指向远程资源的指针。和 simpleLink 相比,该属性在 arcLink 中使用更多,但该属性被定义为 xlink:simpleLink 属性组的一部分。根据 IETF RFC 2396 的定义,该属性应是 URI 引用,其 URI 部分应是绝对形式,除非使用的 URI scheme 允许使用绝对和相对形式。

xlink:title(字符串,可选):以可读的方式描述某个链接或资源的意义,起语义的作用。它是 xlink:simpleLink 属性组的一部分。

xlink:show(字符串,可选):可取值如下:new、replace、embed、other、none。该属性用于明确行为,在 simpleLink 中表示遍历 simpleLink 远程终端资源的行为意向。该属性通常用于表示浏览器是应该在新窗口中显示资源文件,还是应该替换现有窗口等情况。

xlink:actuate(字符串,可选):可取值如下:onLoad、onRequest、other、none。该属性非必备,用于明确行为,在 simpleLink 中表示遍历 simpleLink 远程终端资源的行为意向。

xlink:to(字符串,可选):为必备属性。它通过引用<div>元素的 xlink:label 属性值,表示<smLink>元素定义的链接目标节点的<div>元素。

xlink:from(字符串,可选):通过引用<div>元素的 xlink:label 属性值,表示<smLink>元素定义的链接源节点的<div>元素。

示例 1:

在本例中,一个网页的 METS 文档包含的图像链接到另一个网页。<structMap>元素可以包含如下的<div>标记:

```
<mets:div ID="P1" TYPE="page" LABEL="Page 1">
    <mets:fptr FILEID="HTMLF1"/>
    <mets:div xlink:label="IMG1" TYPE="image" LABEL="Image Hyperlink to Page 2">
        <mets:fptr FILEID="JPGF1"/>
    </mets:div>
    <mets:div xlink:label="P2" TYPE="page" LABEL="Page 2">
        <mets:fptr FILEID="HTMLF2"/>
    </mets:div>
```

如果第一个网页的图像文件链接到第二个网页的 HTML 文件,<smLink>元素的使用如下:

```
<mets:structLink>
    <mets:smLink xlink:from="IMG1" xlink:to="P2" xlink:title="Hyperlink from JPEG Image onPage 1 to Page 2"
    xlink:show="new" xlink:actuate="onRequest"/>
</mets:structLink>
```

示例 2：

本例中，一个完整的 METS 文档描述某个网站，某些网页用<structLink>元素指向网站结构图的特定区域。以下片段描述网站的一页，包括<fileSec>、<structMap>的相关部分，以及与网页相关的<smLink>元素。

首页（第 1 页）链接到网站中的以下网页：

*“保钓背景”（1 号链接）链接到第 2 页

*“保钓大事记”（2 号链接）链接到第 3 页

同时，其他网页也有链接到首页（第 1 页）的链接，例如：

*“保钓背景”的 3 号链接

*“保钓大事记”的 4 号链接

也就是：

“保钓背景”（第 2 页）的 3 号链接指向首页（第 1 页）	首页（第 1 页）的 1 号链接指向“保钓背景”（第 2 页）
“保钓大事记”（第 3 页）的 4 号链接指向首页（第 1 页）	首页（第 1 页）的 2 号链接指向“保钓大事记”（第 3 页）

以下片段说明这些链接如何实现：

```
<mets:fileSec>
    <mets:fileGrp>
        <mets:file ID="FID1" MIMETYPE="text/html">
            <mets:FLocat LOCTYPE="URL" xlink:href="http://baodiao.lib.tsinghua.edu.cn:4237/oralhistory/in-
            dex.html">
            </mets:FLocat>
        <mets:file>
        …
        <mets:structMap TYPE="logical">
        …
        <!--在“保钓背景”页的<div>中，3 号链接(LINK3)由以下<div>描述。-->
        <mets:div DMDID="DM2" TYPE="web page" xlink:label="page2" LABEL="保钓背景">
            <mets:fptr>
                <mets:par>
                    <mets:area FILEID="FID2"></mets:area>
                </mets:par>
            </mets:fptr>
            <mets:div TYPE="hyperlink" xlink:label ="LINK3" LABEL="index">
                <mets:fptr>
                    <mets:area BEGIN="000" BETYPE="BYTE" END="111" FILEID="FID1"></mets:area>
                </mets:fptr>
            </mets:div>
```

```
    </mets:div>
    …
    <!--在“保钓大事记”页的<div>中,4 号链接(LINK4)由以下<div>描述。-->
    <mets:div DMDID="DM2" TYPE="web page" xlink:label="page3" LABEL="保钓大事记">
        <mets:fptr>
            <mets:par>
                <mets:area FILEID="FID3"></mets:area>
            </mets:par>
        </mets:fptr>
        <mets:div TYPE="hyperlink" xlink:label="LINK4" LABEL="index">
            <mets:fptr>
                <mets:area BEGIN="000" BETYPE="BYTE" END="111" FILEID="FID1">
                </mets:area>
            </mets:fptr>
        </mets:div>
    </mets:div>
    <!--以下<div>表示首页以及指向“保钓背景”和“保钓大事记”的 LINK1 和 LINK2。--><mets:div DM-
DID="DM2" TYPE="web page" xlink:label="page1" LABEL="http://baodiao.lib.tsinghua.edu.cn:4237/
oralhistory/index.html">
        <mets:fptr>
            <mets:par>
                <mets:area FILEID="FID1"></mets:area>
            </mets:par>
        </mets:fptr>
        <mets:div TYPE="hyperlink" xlink:label="LINK1" LABEL="background">
            <mets:fptr>
                <mets:area BEGIN="000" BETYPE="BYTE" END="111"FILEID="FID1"></mets:area>
            </mets:fptr>
        </mets:div>
        <mets:div TYPE="hyperlink" xlink:label="LINK2" LABEL="chronicle">
            <mets:fptr>
                <mets:area BEGIN="000" BETYPE="BYTE" END="111"FILEID="FID1"></mets:area>
            </mets:fptr>
        </mets:div>
    </mets:div>
</mets:structMap>
<!--以下结构链接表示指向首页以及首页指向的链接。--><mets:structLink>
    <mets:smLink xlink:from="LINK3" xlink:to="page1"xlink:title="首页">
    </mets:smLink>
    <mets:smLink xlink:from="LINK4" xlink:to="page1"xlink:title="首页">
    </mets:smLink>
```

```
        < mets:smLink xlink:from = "LINK1"  xlink:to = "page2" xlink:title = "保钓背景" >
        </mets:smLink >
        < mets:smLink xlink:from = "LINK2"  xlink:to = "page3" xlink:title = "保钓大事记" >
        </mets:smLink >
    </mets:structLink >
```

4.9 行为

4.9.1 概述

METS 提供了一种机制，把数字内容与应用程序或计算机程序代码相连，它们可以与 METS 文档的其他信息一起使用，共同呈现或显示数字对象，或者转换其一个或多个部分内容文件。这些可执行代码被称作“行为”，可以应用于 METS 的 < structMap > 的任意 < div >（由 < behavior > 元素的 STRUCTID 属性指定），或应用于 < fileSec > 的 < file > 元素的 < transformFile > 元素。

行为节元素 < behaviorSec > 通过可重复的 < behavior > 元素，把可执行行为与 METS 文档内容相关联。< interfaceDef > 表示某个行为节中一系列行为的概要定义。< meshanism > 元素用于指向一组可执行代码，代码用于执行由接口定义的行为。

< behaviorSec > 元素可以重复或嵌套，可以用于对 METS 文档结构中的单个行为进行分组。这种分组可用于行为分类的组织，或确定某些行为之间的关系，其结构如图 8 所示。

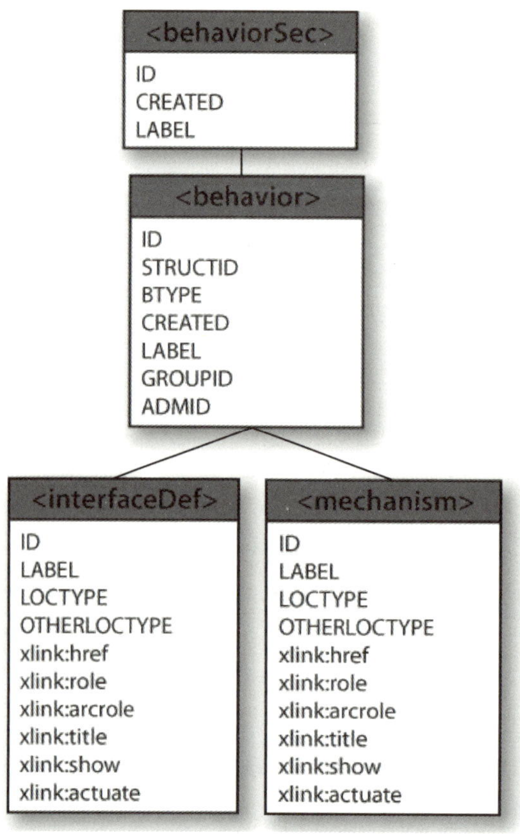

图 8　行为节结构图

4.9.2 行为节属性

ID(ID,可选):<behaviorSec>元素的唯一标识符,其他元素或文档可以通过该属性用 IDREF 或 XPTR 引用<behaviorSec>元素。

CREATEDATE(日期型,可选):<behaviorSec>创建的时间/日期。

LABEL(字符串,可选):行为节的文本描述。

4.9.3 行为节包含的元素

4.9.3.1 行为元素<behavior>

<behavior>元素用于关联可执行行为和 METS 文档的内容。该元素有一个接口定义的<interfaceDef>元素,它表示某个行为节中一系列行为的概要定义。<behavior>元素还有一个<meshanism>元素,它是一组可执行代码,用于执行由 interface 简要定义的行为。其属性如下:

ID(ID,可选):<behavior>元素的唯一标识符,其他元素或文档可以通过该属性用 IDREF 或 XPTR 引用<behavior>元素。在<behavior>元素应用于<transformFile>元素的情况下,应有 ID 值,而且应引用 transformFile/@TRANSFORMBEHAVIOR 属性。

STRUCTID(IDERFS,可选):XML IDREFS 属性,用于将某个<behavior>链接到一个或多个 METS 文档的<structMap>中的<div>元素。STRUCTID 指向的内容,被认为是<behavior>定义的可执行行为机制的输入。如果<behavior>应用到一个或多个<div>元素,则应有 STRUCTID 属性。

BTYPE(字符串,可选):行为类型,为相关行为的分类提供方法。

CREATED(日期型,可选):行为的创建日期和时间。

LABEL(字符串,可选):行为的文本描述。

GROUPID(字符串,可选):建立某一行为和其他行为对应关系的标识符,便于行为的版本管理。

ADMID(IDREFS,可选):METS 文档中管理元数据节的 XMLID 值。

示例:

```
<mets:behaviorSec>
    <mets:behavior ID="disp1" STRUCTID="top" BTYPE="display" LABEL="Display Behavior">
```

4.9.3.2 接口定义

接口定义元素<interfaceDef>包含一个指向某个行为或一组相关行为的概要定义的指针,这些行为与 METS 对象的内容相关。<interfaceDef>元素用 xlink:href 指向的接口定义对象,可以是另一个数字对象,或其他实体,如描述接口的文本文件,或网络服务描述语言(WSDL)文件。理想状态下,接口定义对象包含描述一组行为或方法的元数据。它也可以包含文件,文件可以描述行为的作用,还可以表现不同接口定义的表达方式。<interfaceDef>元素是可选的,它允许接口定义直接从行为机制对象中直接获得。

接口定义元素包括以下属性:

ID(ID,可选):<interfaceDef>元素的唯一标识符,其他元素或文档可以通过该属性用 IDREF 或 XPTR 引用<interfaceDef>元素。

LABEL(字符串,可选):接口定义的文本描述。

LOCTYPE(字符串,可选):xlink:href 属性使用的定位器类型。其有效值为 ARK、URN、URL、PURL、HANDLE、DOI、OTHER。

OTHERLOCTYPE(字符串,可选):LOCTYPE 取值为 OTHER 时,定义其定位器类型。

xlink:href(URI,可选):提供内容文件的 URI,表明 <interfaceDef>元素表现的内容文件的位置。虽然是可选属性,只要 <interfaceDef>元素有意义或需要使用,就应有 xlink:href 属性。该属性被定义为 xlink:simpleLink 属性组的一部分。

xlink:role(URI,可选):起语义的作用。根据 IETF RFC 2396 的定义,该属性应是 URI 引用,其 URI 部分应是绝对形式,除非使用的 URI scheme 允许使用绝对和相对形式。该属性如果存在,将明确资源的 URI,该资源描述 xlin:href 链接的作用和功能。该属性是 xlink:simpleLink 属性组的一部分。

xlink:arcrole(URI,可选):根据 IETF RFC 2396 的定义,该属性应是 URI 引用,其 URI 部分应是绝对形式,除非使用的 URI scheme 允许使用绝对和相对形式。该属性如果存在,将起语义的作用,用于明确资源的 URI,该资源描述相关弧或指向远程资源的指针。和 simpleLink 相比,该属性在 arcLink 中使用更多,但该属性被定义为 xlink:simpleLink 属性组的一部分。

xlink:title(字符串,可选):以可读的方式描述某个链接或资源的意义,起语义的作用。该属性是 xlink:simpleLink 属性组的一部分。

xlink:show(字符串,可选):可取值如下:new、replace、embed、other、none。该可选属性表示行为,在 simpleLink 中表示遍历 simpleLink 远程终端资源的行为意向。

xlink:actuate(字符串,可选):可取值如下:onLoad、onRequest、other、none。该可选属性表示行为,在 simpleLink 中表示遍历 simpleLink 远程终端资源的行为意向。

示例:

```
<mets:behaviorSec>
    <mets:behavior ID="disp1" STRUCTID="top" BTYPE="display" LABEL="Display Behavior">
        <mets:interfaceDef LABEL="EAD Display Definition" LOCTYPE="URL" xlink:href="http://baodiao.
        lib.tsinghua.edu.cn:4237/oralhistory/dynaxml/profiles/display/oacDisplayDef.txt"/>
```

4.9.3.3 可执行机制

可执行机制元素 <mechanism>包含一个指向可执行代码的指针,代码用于执行接口定义的一组行为。<mechanism>元素也可以是指向其他对象(机制对象)的指针。机制对象可以是另一个 METS 对象或其他实体(如 WSDL 文件)。一个机制对象应该包含可执行代码、可执行代码的指针,或绑定网络服务(如网页服务)的说明。

可执行机制元素包括以下属性:

ID(ID,可选):<mechanism>元素的唯一标识符,其他元素或文档可以通过该属性用 IDREF 或 XPTR 引用 <mechanism>元素。

LABEL(字符串,可选):机制节的文本描述。

LOCTYPE(字符串,可选):<mechanism>元素使用的定位器类型。其有效值为 ARK、URN、URL、PURL、HANDLE、DOI、OTHER。

OTHERLOCTYPE(字符串,可选):LOCTYPE 取值为 OTHER 时,定义其定位器类型。

xlink:href(URI,可选):提供内容文件的 URI,表明 <interfaceDef>元素表现的内容文件的位置。虽然是可选属性，只要 <interfaceDef> 元素有意义或需要使用，就应有 xlink:href 属性。该属性被定义为 xlink:simpleLink 属性组的一部分。

xlink:role(URI，可选)：起语义的作用。根据 IETF RFC 2396 的定义，该属性应是 URI 引用，其 URI 部分应是绝对形式，除非使用的 URI scheme 允许使用绝对和相对形式。该属性如果存在，将明确资源的 URI，该资源描述 xlin:href 链接的作用和功能。该属性是 xlink:simpleLink 属性组的一部分。

xlink:arcrole(URI，可选)：根据 IETF RFC 2396 的定义，该属性应是 URI 引用，其 URI 部分应是绝对形式，除非使用的 URI scheme 允许使用绝对和相对形式。该属性如果存在，将起语义的作用，用于明确资源的 URI，该资源描述相关弧或指向远程资源的指针。和 simpleLink 相比，该属性在 arcLink 中使用更多，但该属性被定义为 xlink:simpleLink 属性组的一部分。

xlink:title(字符串，可选)：以可读的方式描述某个链接或资源的意义，起语义的作用。该属性是 xlink:simpleLink 属性组的一部分。

xlink:show(字符串，可选)：可取值如下：new、replace、embed、other、none。该可选属性表示行为，在 simpleLink 中表示遍历 simpleLink 远程终端资源的行为意向。

xlink:actuate(字符串，可选)：可取值如下：onLoad、onRequest、other、none。该可选属性表示行为，在 simpleLink 中表示遍历 simpleLink 远程终端资源的行为意向。

<mechanism> 是一个空元素，<mechanism> 元素指向的机制对象的位置，应存储在 xlink:href 属性中。

示例：

```
<mets:behaviorSec>
    <mets:behavior ID="disp1" STRUCTID="top" BTYPE="display" LABEL="Display Behavior">
        <mets:interfaceDef LABEL="EAD Display Definition" LOCTYPE="URL" xlink:href="http://baodiao.lib.tsinghua.edu.cn:4237/oralhistory/dynaxml/profiles/display/oacDisplayDef.txt"/>
        <mets:mechanism LABEL="EAD Display Mechanism" LOCTYPE="URL" xlink:href="http://baodiao.lib.tsinghua.edu.cn:4237/oralhistory/dynaxml/profiles/display/oacDisplayMech.xml"/>
    </mets:behavior>
</mets:behaviorSec>
```

4.9.4 行为节示例

本例说明 METS 对象如何通过可执行代码实现：(1)显示编码档案描述(EAD)检索工具；(2)证实检索工具的公共存取。本例也包含 <structMap> 的相关部分。

```
<mets:mets schemaLocation="http://www.loc.gov/METS/ http://www.loc.gov/standards/mets/mets.xsd http://www.loc.gov/mods/v3 http://www.loc.gov/standards/mods/v3/mods-3-0.xsd http://www.loc.gov/mix/ http://www.loc.gov/standards/mix/mix.xsd http://sunsite.berkeley.edu/MOA2/ http://sunsite.berkeley.edu/METS/moa2md.xsd" OBJID="ark:/13030/hb1d5n9804" TYPE="text" PROFILE="http://sunsite.berkeley.edu/mets/profiles/UCBTextProfile.xml" LABEL="Zhou Benchu,Baodiao Oral HistoryProject">
…
    <mets:structMap>
        <mets:div ID="top" TYPE="TEI.2" LABEL="Baodiao Oral HistoryProject">
            <mets:fptr FILEID="001"/>
```

```
    </mets:structMap>
    …
    <mets:behaviorSec>
        <mets:behavior ID="disp1" STRUCTID="top" BTYPE="display" LABEL="Display Behavior">
            <mets:interfaceDef LABEL="EAD Display Definition" LOCTYPE="URL" xlink:href="http://
            baodiao. lib. tsinghua. edu. cn:4237/oralhistory/dynaxml/profiles/display/oacDispalyDef. txt"/>
            <mets:mechanism LABEL="EAD Display Mechanism" LOCTYPE="URL" xlink:href="http://
            baodiao. lib. tsinghua. edu. cn:4237/oralhistory/dymaxml/profiles/display/oacDisplaymech. xml"/>
        </mets:behavior>
        …
        <mets:behavior ID="auth1" STRUCTID="top" BTYPE="authentication" LABEL="AuthenticationBehavior">
            <mets:interfaceDef LABEL="General Public Authentication Definition" LOCTYPE="URL" xlink:href=
            "http://baodiao. lib. tsinghua. edu. cn:4237/oralhistory/dynaxml/profiles/display/publicAuthdef. txt"/>
            <mets:mechanism LABEL="General Public Authentication Mechanism" LOCTYPE="URL" xlink:
            href="http://baodiao. lib. tsinghua. edu. cn: 4237/oralhistory/dynaxml/profiles/authentication/publi-
            cAuthMech. xml"/>
        </mets:behavior>
    </mets:behaviorSec>
</mets:mets>
```

附录 A
（规范性附录）
METS 元素与复合类型应用细则

A.1 元素

A.1.1 <mets>元素

METS 致力于提供一个标准化的 XML 格式，用于在系统之间传输复杂的数字对象。它类似于在 OAIS 参考模型中定义的 SIP、AIP 和 DIP。

复合类型 | metsType

可以包含 | <metsHdr> | <dmdSec> | <amdSec> | <fileSec> | <structMap> | <structLink> | <behaviorSec>

属性

ID：xsd:ID 可选

ID：可选，XML ID 值。

OBJID：xsd:string 可选

OBJID：可选，记录 METS 文档的主标识符。

LABEL：xsd:string 可选

LABEL：可选，为用户提供文档的标题或标识文本。

TYPE：xsd:string 可选

TYPE：字符串，可选，描述对象的类型（如图书、杂志、立体照片等）。

PROFILE：xsd:string 可选

PROFILE：可选，提供本 METS 文档遵循的应用纲要的 URI 或其他标识符。

A.1.2 <metsHdr>元素

minOccurs = "0"

metsHdr：METS 头

METS 头元素类似于 TEI 头，记录关于 METS 文档本身的元数据（而非 METS 文档所编码的数字对象）。它可以包含两个子元素：agent（文档代理）和 altRecordID（其他记录 ID）。

可以包含 | <agent> | <altRecordID> | <metsDocumentID>

被包含于 | <mets>

属性

ID：xsd:ID 可选

ID：可选，XML ID 值

ADMID：xsd:IDREFS 可选

ADMID：可选，提供本 METS 文档管理元数据节的 XML ID 值列表。

CREATEDATE：xsd:dateTime 可选

CREATEDATE：可选，时间型，记录本 METS 文档的创建时间。

LASTMODDATE：xsd:dateTime 可选

LASTMODDATE：可选，时间型，记录本 METS 文档的上次修改时间。

RECORDSTATUS：xsd：string 可选

RECORDSTATUS：可选，字符串，指示本 METS 文档的状态（多用于内部处理）。

A.1.3 <agent>元素

minOccurs = "0" maxOccurs = "unbounded"

agent：METS 代理（agent）

agent 元素记录与本 METS 文档有关的各种团体及其承担的角色。

可以包含 | <name> | <note>

被包含于 | <metsHdr>

属性

ID：xsd：ID 可选

ID：可选，XML ID 值。

ROLE：必备 | CREATOR | EDITOR | ARCHIVIST | PRESERVATION | DISSEMINATOR | CUSTODIAN | IPOWNER | OTHER

ROLE：必备，指明与本 METS 对象有关的团体所担当的角色。可取值如下：

CREATOR：负责创建本 METS 文档的个人或机构（创建者）。

EDITOR：负责编辑本 METS 文档的个人或机构（编辑者）。

ARCHIVIST：负责存档保管本 METS 文档的个人或机构，与/或负责存档保管用来创建本 METS 对象的原始资源的个人或机构。

PRESERVATION：负责保存本 METS 对象的个人或机构，与/或负责保存用来创建本 METS 对象的原始资源的个人或机构。

DISSEMINATOR：负责分发或出版本 METS 对象的个人或机构。

CUSTODIAN：负责监管本 METS 对象的个人或机构。

IPOWNER：拥有本 METS 对象或其中部分的知识产权的个人或机构。

OTHER：对本 METS 对象拥有不属于上述任何一种的其他权利（或负有其他责任）的个人或机构。

OTHERROLE：xsd：string 可选

OTHERROLE：可选，字符串，指明代理与本 METS 对象（或其来源）有关的特殊的角色。当 ROLE 属性值为 OTHER 时使用。

TYPE：可选 | INDIVIDUAL | ORGANIZATION | OTHER

TYPE：可选，指明个人或机构的自然属性（指类型），可取值如下：

INDIVIDUAL：独立自然人代理。

ORGANIZATION：集体代理。

OTHER：其他形式代理（如软件代理）。

OTHERTYPE：xsd：string 可选

OTHERTYPE：可选，字符串，指明代理的特定类型。当代理的 TYPE 属性值为 OTHER 时使用。

A.1.4 <name>元素

type = "xsd：string"

name:代理的全称。

被包含于 | <agent>

A.1.5 <note>元素

type = "xsd:string" minOccurs = "0" maxOccurs = "unbounded"

note: 与本 METS 文档有关的代理活动的补充说明。

被包含于 | <agent>

A.1.6 <altRecordID>元素

minOccurs = "0" maxOccurs = "unbounded"

altRecordID: 其他记录 ID(Alternative Record ID)

除了 METS 根元素的 OBJID 属性中存储的主 ID 之外,本元素提供本 METS 文档的其他 ID。

被包含于 | <metsHdr>

属性

ID: xsd:ID 可选

  ID: 可选,XML ID 值。

TYPE: xsd:string 可选

  TYPE: 可选,字符串,描述标识符的类型(如 OCLC#、LCCN 等)。

A.1.7 <metsDocumentID>元素

minOccurs = "0"

METS 文档标识元素 <metsDocumentID>为 METS 文档指定唯一标识。该标识可以不同于 METS 根元素的 OBJID 属性值(OBJID 属性值唯一指定 METS 文档表示的整个数字对象)。

被包含于 | <metsHdr>

属性

ID: xsd:ID 可选

  ID: 可选,XML ID 值。

TYPE: xsd:string 可选

  TYPE: 可选,字符串,描述标识符的类型。

A.1.8 <dmdSec>元素

type = "mdSecType" minOccurs = "0" maxOccurs = "unbounded"

dmdSec: 描述元数据节(Description Metadata Section)

本节记录 METS 对象内全部项目的所有描述元数据,包括结构图部分的描述元数据以及数据文件的描述元数据。元数据以 Warwick 框架的方式,既可以被包含在 METS 文档中(即 mdWrap 方式),也可以通过其标识符(或指示器)引用(即 mdRef 方式)。dmdSec 元素可以重复,以记录 METS 对象每个独立项目的描述元数据。

可以包含 | <mdRef> | <mdWrap>

被包含于 | <mets>

属性

ID：xsd:ID 必备

ID：必备,XML ID 值。

GROUPID：xsd:string 可选

GROUPID：可选字符串,为组的标识符,用于表示不同的元数据节同属一个组。两个 GROUPID 值相同的元数据节同属一组。比如,把同一个元数据的不同版本划为一组,即可将元数据的早期版本记录在文件中,从而跟踪其变化情况。

ADMID：xsd:IDREFS 可选

ADMID：可选,记录该描述元数据(或管理元数据)的管理元数据的 XML ID 值。典型用法是指向该元数据的保存元数据。

CREATED：xsd:dateTime 可选

CREATED：可选,时间型,指明创建该元数据的日期和时间。

STATUS：xsd:string 可选

STATUS：可选,字符串,指明该元数据的状态(如过期、正在使用等)。

A.1.9 <amdSec>元素

type = "amdSecType" minOccurs = "0" maxOccurs = "unbounded"

amdSec：管理元数据节(Administrative Metadata Section)

本节记录 METS 对象所有条目的全部管理元数据(包括结构图部分、数据文件、描述元数据节以及管理元数据节本身)。它分作四个子节:techMD(技术元数据)、righteMD(知识产权元数据)、sourceMD(模拟/数字资源元数据)和 digiprovMD(数字起源元数据)。每个子节为 mdSecType 类型,以 mdWrap 方式包含在 METS 中心文档中,或以 mdRef 指示其标识符(指示器)。techMD、rightsMD、sourceMD、digiprovMD 可以重复,以便记录 METS 对象的每一个条目的管理元数据。

可以包含 | <techMD> | <rightsMD> | <sourceMD> | <digiprovMD>

被包含于 | <mets>

属性

ID：xsd:ID 可选

ID：可选,XML ID 值。

A.1.10 <fileSec>元素

minOccurs = "0"

fileSec：内容文件节(Content File Section)。

本节记录组成此数字对象的所有数据文件的信息。

可以包含 | <fileGrp>

被包含于 | <mets>

属性

ID：xsd:ID 可选

ID：可选,XML ID 值。

A. 1. 11 <fileGrp>元素

maxOccurs = "unbounded"

fileGrp：文件组(File Group)

本元素将多个文件如划为一组(如某作品的所有图像,或某页面的所有图像等)。

复合类型 | fileGrpType

可以包含 | <fileGrp> | <file>

被包含于 | <fileSec> | <fileGrp> | <fileGrp>

属性

ID：xsd:ID 可选

ID：可选,XML ID 值。

VERSDATE：xsd:dateTime 可选

VERSDATE：可选,时间型,指明数字对象的此版本/文件组的创建时间。

ADMID：xsd:IDREFS 可选

ADMID：可选,是本 METS 文档中管理元数据节的 XML ID 值列表,这些值指明了本文件组内文件的管理信息。

USE：xsd:string 可选

USE：可选,字符串,指明本文件组内文件的用途(如图像的主文件、参考文件、缩略图等)。

A. 1. 12 <structMap>元素

type = "structMapType" maxOccurs = "unbounded"

structMap：结构图(Structural Map)。

结构图是 METS 文档的核心,它定义了被数字化的源文档的层次结构。该层次利用"div"元素形成树结构。任一给定的"div",可以通过"mptr"元素,指向另一个 METS 文档;也可以通过"fptr"和子元素,指向一个或一组文件、若干文件片断或文件组。

可以包含 | <div>

被包含于 | <mets>

属性

ID：xsd:ID 可选

ID：可选,XML ID 值。

TYPE：xsd:string 可选

TYPE：可选,字符串。指明结构图的类型,典型值是"PHYSICAL"和"LOGICAL"。PHYSICAL 描述了原始作品的物理组成,如一篇论文的连续页;而 LOGICAL 则描述了作品的知识结构,如一篇论文有目录、前言、章节、索引等。

LABEL：xsd:string 可选

LABEL：可选,字符串。用于为用户描述结构图,类似物理结构图和逻辑结构图同时存在的情况,当一个对象有多个结构图时很有用。

A.1.13 <structLink>元素

minOccurs = "0"

structLink：结构图链接节(Structural Map Linking)。

结构图链接节，描述了结构图所示的METS结构内不同组件之间的超链接规范。

复合类型 | structLinkType

可以包含 | <smLink> | <smLinkGrp>

被包含于 | <mets>

属性

ID：xsd:ID 可选

ID：可选，XML ID值。

A.1.14 <behaviorSec>元素

type = "behaviorSecType" minOccurs = "0" maxOccurs = "unbounded"

behaviorSec：行为节。本节记录了与METS对象内容关联的可执行操作(行为)。

可以包含 | <behaviorSec> | <behavior>

被包含于 | <mets> | <behaviorSec> | <behaviorSec>

属性

ID：xsd:ID 可选

ID：可选，XML ID值。

CREATED：xsd:dateTime 可选

CREATED：可选，时间型，指明behaviorSec的创建时间。

LABEL：xsd:string 可选

LABEL：可选，字符串，提供behaviorSec的文本描述。

A.1.15 <techMD>元素

type = "mdSecType" minOccurs = "0" maxOccurs = "unbounded"

techMD：技术元数据(technical metadata)

techMD元素为普通元数据节封装了一层元数据，即关于一个或多个文件的技术元数据。

可以包含 | <mdRef> | <mdWrap>

被包含于 | <amdSec>

属性

ID：xsd:ID 必备

ID：必备，XML ID值。

GROUPID：xsd:string 可选

GROUPID：可选字符串，为组的标识符，用于表示不同的元数据节同属一个组。两个GROUPID值相同的元数据节同属一组。比如，把同一个元数据的不同版本划为一组，即可将元数据的早期版本记录在文件中，从而跟踪其变化情况。

ADMID：xsd:IDREFS 可选

ADMID：记录该描述元数据（或管理元数据）的管理元数据的 XML ID 值。典型用法是指向该元数据的保存元数据。

CREATED：xsd:dateTime 可选

CREATED：可选，时间型，指明元数据的创建时间。

STATUS：xsd:string 可选

STATUS：可选，字符串，指明该元数据的状态（如过期、正在使用等）。

A. 1. 16 <rightsMD>元素

type = "mdSecType" minOccurs = "0" maxOccurs = "unbounded"

rightsMD：知识产权元数据（intellectual property rights metadata）。

rightsMD 元素为普通元数据节封装了一层元数据，即包含知识产权的元数据。

可以包含 | <mdRef> | <mdWrap>

被包含于 | <amdSec>

属性

ID：xsd:ID 必备

ID：必备，XML ID 值。

GROUPID：xsd:string 可选

GROUPID：可选字符串，为组的标识符，用于表示不同的元数据节同属一个组。两个 GROUPID 值相同的元数据节同属一组。比如，把同一个元数据的不同版本划为一组，即可将元数据的早期版本记录在文件中，从而跟踪其变化情况。

ADMID：xsd:IDREFS 可选

ADMID：记录该描述元数据（或管理元数据）的管理元数据的 XML ID 值。典型用法是指向该元数据的保存元数据。

CREATED：xsd:dateTime 可选

CREATED：可选，时间型，指明元数据的创建时间。

STATUS：xsd:string 可选

STATUS：可选，字符串，指明该元数据的状态（如过期、正在使用等）。

A. 1. 17 <sourceMD>元素

type = "mdSecType" minOccurs = "0" maxOccurs = "unbounded"

sourceMD：来源元数据（source metadata）。

sourceMD 元素为普通元数据节封装了一层元数据，即关于该 METS 对象的原始资源（由此原始资源生成了该 METS 对象）的描述或管理元数据。

可以包含 | <mdRef> | <mdWrap>

被包含于 | <amdSec>

属性

ID：xsd:ID 必备

ID：必备，XML ID 值。

GROUPID：xsd:string 可选

GROUPID：可选字符串，为组的标识符，用于表示不同的元数据节同属一个组。两个 GROUPID 值相同的元数据节同属一组。比如，把同一个元数据的不同版本划为一组，即可将元数据的早期版本记录在文件中，从而跟踪其变化情况。

ADMID：xsd:IDREFS 可选

ADMID：记录该描述元数据（或管理元数据）的管理元数据的 XML ID 值。典型用法是指向该元数据的保存元数据。

CREATED：xsd:dateTime 可选

CREATED：可选，时间型，指明元数据的创建时间。

STATUS：xsd:string 可选

STATUS：可选，字符串，指明该元数据的状态（如过期、正在使用等）。

A.1.18 <digiprovMD>元素

type = "mdSecType" minOccurs = "0" maxOccurs = "unbounded"

digiprovMD：数字起源元数据（digital provenance metadata）。

digiprovMD 元素给普通元数据包装的元数据，它包含数字对象的最初起源信息及其当前元素的衍生信息。它可以表示同一对象的不同文件之间存在着主从关系或衍生关系，可以表示经过数字化后的数字对象的组成文件又经过了转换或迁移，也可以表示原生数字资源文件的创建。简言之，digiprovMD 的目的，是使所记录的信息反映出数字对象生命周期中经历过哪些变化，以便档案管理人员、图书馆员和学者判断这种变化过程对原始作品反映的真实程度可能带来的影响或损失。

可以包含 | <mdRef> | <mdWrap>

被包含于 | <amdSec>

属性

ID：xsd:ID 必备

ID：必备，XML ID 值。

GROUPID：xsd:string 可选

GROUPID：可选字符串，为组的标识符，用于表示不同的元数据节同属一个组。两个 GROUPID 值相同的元数据节同属一组。比如，把同一个元数据的不同版本划为一组，即可将元数据的早期版本记录在文件中，从而跟踪其变化情况。

ADMID：xsd:IDREFS 可选

ADMID：记录该描述元数据（或管理元数据）的管理元数据的 XML ID 值。典型用法是指向该元数据的保存元数据。

CREATED：xsd:dateTime 可选

CREATED：可选，时间型，指明元数据的创建时间。

STATUS：xsd:string 可选

STATUS：可选，字符串，指明该元数据的状态（如过期、正在使用等）。

A.1.19 <fileGrp>元素

type = "fileGrpType" minOccurs = "0" maxOccurs = "unbounded"

可以包含 | <fileGrp> | <file>

被包含于 | <fileSec> | <fileGrp> | <fileGrp>

属性

ID：xsd:ID 可选

ID：可选，XML ID 值。

VERSDATE：xsd:dateTime 可选

VERSDATE：可选，时间型，指明数字对象的此版本/文件组的创建时间。

ADMID：xsd:IDREFS 可选

ADMID：可选，指明该 METS 文档中此文件组内所有文件对应的管理元数据节的 XML ID 值列表。

USE：xsd:string 可选

USE：可选，字符串，指明本文件组内所有文件的用途（如图像的主文件、参考文件、缩略图等）。

A.1.20 <file>元素

minOccurs = "0" maxOccurs = "unbounded" type = "fileType"

可以包含 | <FLocat> | <FContent> | <stream> | <transformFile> | <file>

被包含于 | <fileGrp> | <fileGrp> | <file> | <file>

属性

ID：xsd:ID 必备

ID：必备，XML ID 值。

MIMETYPE：xsd:string 可选

MIMETYPE：可选字符串，提供文件的 MIME 类型。

SEQ：xsd:int 可选

SEQ：可选，整型，指明本文件在其文件组中的序号。

SIZE：xsd:long 可选

SIZE：可选，长整型，指明文件的长度（字节数）。

CREATED：xsd:dateTime 可选

CREATED：可选，时间型，指明文件的创建时间。

CHECKSUM：xsd:string 可选

CHECKSUM：可选，字符串，提供内含文件的校验码。

CHECKSUMTYPE：可选 | HAVAL | HMACMD5 | SHA-1 | SHA-256 | SHA-384 | SHA-512 | TIGER | WHIRLPOOL

CHECKSUMTYPE：可选，指明产生 CHECHSNM 校验值的校验算法。可取值如下：

HAVAL

HMACMD5

SHA-1

SHA-256

SHA-384

SHA-512

TIGER

WHIRLPOOL

OWNERID：xsd：string 可选

OWNERID：可选，字符串，为文件提供唯一标识符（包括 URI），可以不同于用于检索该文件的 URI。

ADMID：xsd：IDREFS 可选

ADMID：可选，是本 METS 文档中与该文件相关的管理元数据的 XML ID 值的列表。

DMDID：xsd：IDREFS 可选

DMDID：是本 METS 文档中与该文件相关的描述元数据的 XML ID 值的列表。

GROUPID：xsd：string 可选

GROUPID：可选，字符串。是一个标识符，用于在本文件与其他文件组中的文件建立联系。比如，某文件组的主图像文件和第二个文件组中的引用副本文件，并和第三个文件组中的缩略图文件可以具有同一个 GROUPID。

USE：xsd：string 可选

USE ：可选，字符串，指明该文件的用途（如图像的主文件、参考文件、缩略图等）

A. 1. 21 <div>元素

type = "divType"

div：区（Division）

METS 标准用一串嵌套的 div 元素使文档结构化，形成层次。例如，书由章组成，章由节组成，节由文本组成。结构图层次结构中的每一个 div 节点，都可以通过子元素 mptr 或子元素 fptr，关联其对应的内容文件。

可以包含 | <mptr> | <fptr> | <div>

被包含于 | <structMap> | <div> | <div>

属性

ID：xsd：ID 可选

ID：可选，XML ID 值。

ORDER：xsd：integer 可选

ORDER：可选，整型，表示 div 在其家族成员中的序号（如序列号）。

ORDERLABEL：xsd：string 可选

ORDERLABEL：可选字符串，表示 div 在其家族成员中的次序（如“xii”）。可以不是整型数据，还可以是某种本地序数系统的序号。但是 ORDERLABEL 应该可被机读操作（比如支持支持页码的“go to”定位功能）。它不应替代 LABEL 属性。

LABEL：xsd：string 可选

LABEL：可选，字符串标签，为浏览该文档的最终用户描述该 div，作为目录。div 标签应该专门对应它在结构图中的层次。以一本多章节的书为例，书的 div LABEL 应该是书的标题，章节的 div LABEL 应该是章节标题，而不是书的标题加上章节标题。

DMDID：xsd：IDREFS 可选

DMDID：可选，为 XML ID 值列表，指向此 div 在 METS 文档内的描述元数据。

ADMID：xsd:IDREFS 可选

ADMID：可选，为 XML ID 值列表，指向此 div 在 METS 文档内的管理元数据。

TYPE：xsd:string 可选

TYPE：可选，字符串，指明 div 的类型（如章节、文章、页等）。

CONTENTIDS：URIs 可选

CONTENTIDS：此 division 的 ContentID（等同于 DIDL DII）。

：xlink:label

xlink:label-被 smLink 元素引用的 xlink label。

A.1.22 <mptr>元素

minOccurs = "0" maxOccurs = "unbounded"

mptr：METS 指针（METS Pointer）

mptr 元素允许 div 关联另一个 METS 文档，与该 div 相应的内容则存在那个 METS 文档中，而不是让 mptr 元素指向内部文件或文件组。一种典型的情形如连续出版的期刊的 METS 文档，每一个 div 元素表示一个卷期，div 元素则分别指向独立的卷期 METS 文档，而不是把每卷的文件和文件组都编码在一个大文档中。

注意：mptr 是空元素，可指向的资源位置应存放在 xlink:href 属性中。

被包含于 | <div> | <div>

属性

ID：xsd:ID 可选

ID：可选，XML ID 值。

CONTENTIDS：URIs 可选

CONTENTIDS：该 div 的内容 ID 列表 Content IDs（相当于 DIDL DII）。

attributeGroup ref:LOCATION

LOCTYPE：必备 | ARK | URN | URL | PURL | HANDLE | DOI | OTHER

LOCTYPE：定位器类型（Location Type）

定位器的类型，指向某文件，可取值如下：

URN：统一资源名称（Uniform Resource Name）。

URL：统一资源定位器（Uniform Resource Locator）。

PURL：永久 URL（Persistent URL）。

HANDLE：CNRI 句柄（CNRI Handle）。

DOI：DOI 标识符（数字对象标识符，A Digital Object Identifier）。

OTHER：上述不包括的其他类型指示器。

OTHERLOCTYPE：xsd:string 可选

OTHERLOCTYPE：可选，字符串，当 LOCTYPE 取值“OTHER”时，用于指明 LOCTYPE 的类型。

attributeGroup ref:xlink:simpleLink

attributeGroup ref:LOCATION

LOCTYPE：必备 | ARK | URN | URL | PURL | HANDLE | DOI | OTHER

LOCTYPE：定位类型(Location Type)

定位器的类型，指向某文件，可取值如下：

URN：统一资源名称(Uniform Resource Name)。

URL：统一资源定位器(Uniform Resource Locator)。

PURL：永久 URL(Persistent URL)。

HANDLE：CNRI 句柄(CNRI Handle)。

DOI：DOI 标识符(数字对象标识符，A Digital Object Identifier)。

OTHER：上述不包括的其他类型指示器。

OTHERLOCTYPE：xsd:string 可选

OTHERLOCTYPE：可选，字符串，当 LOCTYPE 取值"OTHER"时，用于指明 LOCTYPE 的类型。

attributeGroup ref:xlink:simpleLink

A. 1. 23 <fptr>元素

minOccurs = "0" maxOccurs = "unbounded"

fptr：文件指针(File Pointer)

fptr 元素连接 div 元素及其对应的内容文件。它既可以通过 FILEID 属性直接指向文件本身，也可以通过子元素 area、par 和 seq 进行更复杂的链接。

可以包含 | <par> | <seq> | <area>

被包含于 | <div> | <div>

属性

ID：xsd:ID 可选

ID：可选，XML ID 值。

FILEID：xsd:IDREF 可选

FILEID：IDREF 型，指向包含此 ftpr 的 div 对应的文件元素。

CONTENTIDS：URIs 可选

CONTENTIDS：该 div 的内容 ID 列表 ContentIDs(相当于 DIDL DII)。

A. 1. 24 <par>元素

minOccurs = "0"

par：并行文件(Parallel files)

par 元素将 div 指向一组需要同步播放给用户的文件，比如播放音频文件的同时显示解说词。par 元素有两个子元素，分别应用于不同的情形。如果需要同步播放的每一个字节流，都分别可以容纳在一个文件中，就可以用<area>子元素分别指向那些文件，再把它们都放在 par 元素中。但有时需要同步播放的某字节流太大，一个文件容纳不下(比如高质量多音道的音频或视频)，就要用到<seq>元素了——让每个<seq>里面的文件按照播放次序组成最后的字节流。例如，有一段录音，应分割成三个顺序音频文件和一个解说文件，就需要用一个 par 元素包含两个 seq 元素，第一个 seq 元素包括三个 area 元素，每个 area 元素内一个音频文件；而第二个 seq 元素则包含一个存有那个文本解说文件的 area 元素。

可以包含 | <area> | <seq>

被包含于 | <fptr> | <seq> | <seq>

属性

ID：xsd:ID 可选

ID：可选，XML ID 值。

A. 1. 25 <seq>元素

type = "seqType" minOccurs = "0"

seq：文件序列(Sequence of files)

seq 元素用于把一个 div 与一组内容文件联系起来，而且这些文件应该顺序地传送给用户，参见 seqType 文档中的详细说明。

可以包含 | <area>

被包含于 | <fptr> | <par>

属性

ID：xsd:ID 可选

ID：可选，XML ID 值。

A. 1. 26 <area>元素

type = "areaType" minOccurs = "0"

area：文件区域(file area)

area 元素可为 div 元素及其对应的内容文件(文本，图像，音频，视频文件)之间建立比较复杂的链接。area 元素可以把 div 链接到文件的某一个点，既可以是文件的一维片段(如文本屏、直线图像，音/视频剪辑)，也可以是文件的二维片段(如图像子区域、视频文件的一部分)。参见 areaType 文档的详细说明。

被包含于 | <fptr> | <par> | <par> | <seq> | <seq>

属性

ID：xsd:ID 可选

ID：可选，XML ID 值。

FILEID：xsd:IDREF 必备

FILEID：该 div 所指文件元素的强制 IDREF。

SHAPE：可选 | RECT | CIRCLE | POLY

SHAPE：可选，字符串，它定义了一个二维区域的形状，此区域在一个被链接的内容文件中被引用。可取值如下：

RECT：长方形区域。

CIRCLE：圆形区域。

POLY：不规则多边形。

SHAPE 属性的使用方式应该类似于 HTML4 中的用法。

COORDS：xsd:string 可选

COORDS:可选，字符串，列出图像(静态图像或视频帧)的一组可视坐标，COORDS 属性的使用方式应该类似 HTML4 中的用法。

BEGIN：xsd：string 可选

BEGIN：可选，字符串，标明被引用文件中某部分的起始位置，与 END 属性配对使用。

END：xsd：string 可选

END：可选，字符串，标明被引用文件中某部分的结束位置，与 BEGIN 属性配对使用。

BETYPE：可选 | BYTE | IDREF | SMIL | MIDI | SMPTE－25 | SMPTE－24 | SMPTE-DF30 | SMPTE-NDF30 | SMPTE-DF29.97 | SMPTE-NDF29.97 | TIME | TCF

BETYPE：起始/结束类型（Begin/End Type）

可选，指明 BEGIN 和 END 属性值的语法，可取值包含但不限于以下值：

BYTE：字节偏移量。

IDREF：内容文件中某元素的 XML ID 值。

SMIL：SMIL 格式的时间值。

MIDI：MIDI 格式的时间值。

SMPTE－25：每秒 25 帧素材的 SMPTE 时间码。

SMPTE－24：每秒 24 帧素材的 SMPTE 时间码。

SMPTE-DF30：每秒 30 帧丢帧素材的 SMPTE 时间码。

SMPTE-NDF30：每秒 30 帧非丢帧素材的 SMPTE 时间码。

SMPTE-DF29.97：每秒 29.97 帧丢帧素材的 SMPTE 时间码。

SMPTE-NDF29.97：每秒 29.97 帧非丢帧素材的 SMPTE 时间码。

TIME：简单时间代码，形如 HH：MM：SS。

TCF：时间码字符格式值。

EXTENT：xsd：string 可选

EXTENT：可选，字符串，标明 area 元素所指向片断的时长。

EXTTYPE：可选 | BYTE | SMIL | MIDI | SMPTE－25 | SMPTE－24 | SMPTE-DF30 | SMPTE-NDF30 | SMPTE-DF29.97 | SMPTE-NDF29.97 | TIME | TCF

EXTTYPE：扩展类型（Extent Type）

可选，指明 EXTENT 属性值的语法，参见 BETYPE 的取值描述部分。

ADMID：xsd：IDREFS 可选

ADMID：可选，为 XMD ID 值的列表，指向本 METS 文档中与此 area 相关的所有管理元数据节。

CONTENTIDS：URIs 可选

CONTENTIDS：此 division 的 ContentID（等同于 DIDL DII）。

A.1.27 <div>元素

type＝"divType" minOccurs＝"0" maxOccurs＝"unbounded"

可以包含 | <mptr> | <fptr> | <div>

被包含于 | <structMap> | <div> | <div>

属性

ID：xsd：ID 可选

ID：可选，XML ID 值。

ORDER：xsd:integer 可选

ORDER：可选，整型，表示 div 在其家族成员中的序号（比如序列号）。

ORDERLABEL：xsd:string 可选

ORDERLABEL：可选字符串，表示 div 在其家族成员中的次序（如“xii”）。可以不是整型数据，还可以是某种本地序数系统的序号。但是 ORDERLABEL 应该可被机读操作（比如支持页码的“go to”定位功能）。它不应替代 LABEL 属性。

LABEL：xsd:string 可选

LABEL：可选，字符串标签，为浏览该文档的最终用户描述该 div，作为目录（注意：div 标签应该专门对应它在结构图中的层次。以一本多章节的书为例，书的 div LABEL 应该是书的标题，章节的 div LABEL 应该是章节标题，而不是书的标题加上章节标题。）

DMDID：xsd:IDREFS 可选

DMDID：可选，为 XML ID 值列表，指向此 div 在 METS 文档内的描述元数据。

ADMID：xsd:IDREFS 可选

ADMID：可选，为 XML ID 值列表，指向此 div 在 METS 文档内的管理元数据。

TYPE：xsd:string 可选

TYPE：可选，字符串，指明 div 的类型（如章节、文章、页等）。

CONTENTIDS：URIs 可选

CONTENTIDS：此 division 的 ContentID（等同于 DIDL DII）。

：xlink:label

xlink:label-被 smLink 元素引用的 xlink label。

A. 1. 28 <area>元素

type = "areaType" maxOccurs = "unbounded"

被包含于 | <fptr> | <par> | <par> | <seq> | <seq>

属性

ID：xsd:ID 可选

ID：可选，XML ID 值。

FILEID：xsd:IDREF 必备

FILEID：该 div 所指文件元素的强制 IDREF。

SHAPE：可选 | RECT | CIRCLE | POLY

SHAPE：可选，字符串，它定义了一个二维区域的形状，此区域在一个被链接的内容文件中被引用。可取值如下：

RECT：长方形区域。

CIRCLE：圆形区域。

POLY：不规则多边形。

SHAPE 属性的使用方式应该类似于 HTML4 中的用法。

COORDS：xsd:string 可选

COORDS：可选，字符串，列出图像（静态图像或视频帧）的一组可视坐标，COORDS 属性的使用方式应该类似 HTML4 中的用法。

BEGIN：xsd：string 可选

BEGIN：可选，字符串，标明被引用文件中某部分的起始位置，与 END 属性配对使用。

END：xsd：string 可选

END：可选，字符串，标明被引用文件中某部分的结束位置，与 BEGIN 属性配对使用。

BETYPE：可选 | BYTE | IDREF | SMIL | MIDI | SMPTE－25 | SMPTE－24 | SMPTE-DF30 | SMPTE-NDF30 | SMPTE-DF29.97 | SMPTE-NDF29.97 | TIME | TCF

BETYPE：起始/结束类型（Begin/End Type）

可选，指明 BEGIN 和 END 属性值的语法，可取值包含但不限于以下值：

BYTE：字节偏移量。

IDREF：内容文件中某元素的 XML ID 值。

SMIL：SMIL 格式的时间值。

MIDI：MIDI 格式的时间值。

SMPTE－25：每秒 25 帧素材的 SMPTE 时间码。

SMPTE－24：每秒 24 帧素材的 SMPTE 时间码。

SMPTE-DF30：每秒 30 帧丢帧素材的 SMPTE 时间码。

SMPTE-NDF30：每秒 30 帧非丢帧素材的 SMPTE 时间码。

SMPTE-DF29.97：每秒 29.97 帧丢帧素材的 SMPTE 时间码。

SMPTE-NDF29.97：每秒 29.97 帧非丢帧素材的 SMPTE 时间码。

TIME：简单时间代码，形如 HH：MM：SS。

TCF：时间码字符格式值。

EXTENT：xsd：string 可选

EXTENT：可选，字符串，标明 area 元素所指向片断的时长。

EXTTYPE：可选 | BYTE | SMIL | MIDI | SMPTE－25 | SMPTE－24 | SMPTE-DF30 | SMPTE-NDF30 | SMPTE-DF29.97 | SMPTE-NDF29.97 | TIME | TCF

EXTTYPE：扩展类型（Extent Type）

可选，指明 EXTENT 属性值的语法，参见 BETYPE 的取值描述部分。

ADMID：xsd：IDREFS 可选

ADMID：可选，为 XMD ID 值的列表，指向本 METS 文档中与此 AREA 相关的所有管理元数据节。

CONTENTIDS：URIs 可选

CONTENTIDS：此 division 的 ContentID（等同于 DIDL DII）。

A.1.29 <seq>元素

type＝"seqType" maxOccurs＝"unbounded"

可以包含 | <area>

被包含于 | <fptr> | <par> | <par>

属性

ID：xsd:ID 可选

ID：可选，XML ID 值。

A. 1. 30 <area>元素

type = "areaType" maxOccurs = "unbounded"

被包含于 | <fptr> | <par> | <seq> | <seq>

属性

ID：xsd:ID 可选

ID：可选，XML ID 值。

FILEID：xsd:IDREF 必备

FILEID：该 div 所指文件元素的强制 IDREF。

SHAPE：可选 | RECT | CIRCLE | POLY

SHAPE：可选，字符串，它定义了一个二维区域的形状，此区域在一个被链接的内容文件中被引用。可取值如下：

RECT：长方形区域。

CIRCLE：圆形区域。

POLY：不规则多边形。

SHAPE 属性的使用方式应该类似于 HTML4 中的用法。

COORDS：xsd:string 可选

COORDS：可选，字符串，列出图像(静态图像或视频帧)的一组可视坐标，COORDS 属性的使用方式应该类似 HTML4 中的用法。

BEGIN：xsd:string 可选

BEGIN：可选，字符串，标明被引用文件中某部分的起始位置，与 END 属性配对使用。

END：xsd:string 可选

END：可选，字符串，标明被引用文件中某部分的结束位置，与 BEGIN 属性配对使用。

BETYPE：可选 | BYTE | IDREF | SMIL | MIDI | SMPTE - 25 | SMPTE - 24 | SMPTE-DF30 | SMPTE-NDF30 | SMPTE-DF29. 97 | SMPTE-NDF29. 97 | TIME | TCF

BETYPE：起始/结束类型(Begin/End Type)

可选，指明 BEGIN 和 END 属性值的语法，可取值包含但不限于以下值：

BYTE：字节偏移量。

IDREF：内容文件中某元素的 XML ID 值。

SMIL：SMIL 格式的时间值。

MIDI：MIDI 格式的时间值。

SMPTE - 25：每秒 25 帧素材的 SMPTE 时间码。

SMPTE - 24：每秒 24 帧素材的 SMPTE 时间码。

SMPTE-DF30：每秒 30 帧丢帧素材的 SMPTE 时间码。

SMPTE-NDF30：每秒 30 帧非丢帧素材的 SMPTE 时间码。

SMPTE-DF29. 97：每秒 29. 97 帧丢帧素材的 SMPTE 时间码。

SMPTE-NDF29.97：每秒 29.97 帧非丢帧素材的 SMPTE 时间码。

TIME：简单时间代码，形如 HH:MM:SS。

TCF：时间码字符格式值。

EXTENT：xsd:string 可选

EXTENT：可选，字符串，标明 area 元素所指向片断的时长。

EXTTYPE：可选 | BYTE | SMIL | MIDI | SMPTE - 25 | SMPTE - 24 | SMPTE-DF30 | SMPTE-NDF30 | SMPTE-DF29.97 | SMPTE-NDF29.97 | TIME | TCF

EXTTYPE：扩展类型（Extent Type）

可选，指明 EXTENT 属性值的语法，参见 BETYPE 的取值描述部分。

ADMID：xsd:IDREFS 可选

ADMID：可选，为 XMD ID 值的列表，指向本 METS 文档中与此 AREA 相关的所有管理元数据节。

CONTENTIDS：URIs 可选

CONTENTIDS：此 division 的 ContentID（等同于 DIDL DII）。

A.1.31 <par>元素

type = "parType" minOccurs = "0"

par：并行文件（Parallel files）。

par 元素将 div 指向一组需要同步播放给用户的文件，比如播放音频文件的同时显示解说词。par 元素有两个子元素，分别应用于不同的情形。如果需要同步播放的每一个字节流，都分别可以容纳在一个文件中，就可以用 <area> 子元素分别指向那些文件，再把它们都放在 par 元素中。但有时需要同步播放的某字节流太大，一个文件容纳不下（比如高质量多音道的音频或视频），就要用到 <seq> 元素，让每个 <seq> 里的文件按照播放次序组成最后的字节流。例如，有一段录音，必须分割成三个顺序音频文件和一个解说文件，就需要用一个 par 元素包含两个 seq 元素，第一个 seq 元素包括三个 area 元素，每个 area 元素内一个音频文件；而第二个 seq 元素则包含一个存有那个文本解说文件的 area 元素。

可以包含 | <area> | <seq>

被包含于 | <fptr> | <seq> | <seq>

属性

ID：xsd:ID 可选

ID：可选，XML ID 值。

A.1.32 <smLink>元素

maxOccurs = "unbounded"

smLink：结构图链接（structural map Link）

本元素用于连接结构图中的两个元素，用于表示在这两个结构图节点所示的两个 METS 组件（component）之间存在着超链接。例如，可以使用 smlink 记录 web 页面之间的链接，前提是在 METS 内记录这些链接。

被包含于 | <structLink>

属性

ID：xsd:ID 可选

ID：可选，XML ID 值。

：xlink:arcrole 可选

xlink:arcrole-根据 xlink 规范，指 link 的角色。参见 http://www. w3. org/TR/xlink/

：xlink:title 可选

xlink:title-根据 xlink 规范，指 link 的标题（如果需要的话）。参见 http://www. w3. org/TR/xlink/

：xlink:show 可选

xlink:show-参见 xlink 规范，见 http://www. w3. org/TR/xlink/

：xlink:actuate 可选

xlink:actuate-参见 xlink 规范，见 http://www. w3. org/TR/xlink/

：xlink:to 必备

xlink:to-strucMap 中链接目标元素的 label 值。

：xlink:from 必备

xlink:from-strucMap 中链接发起元素的 label 值。

A. 1. 33 <smLinkGrp>元素

结构图链接组元素<smLinkGrp>是 xlink:extendLink 的实施，提供符合 xlink 的机制，为相同或不同 METS 文档中<structMap>元素的两个或两个以上<div>元素建立 xlink:arcLink 型链接。smLinkGrp 的作用类似于<smLink>元素，以 xlink 的方式在同一 METS 文档中的<div>元素之间建立一对一的链接。它也可以用于在<div>元素之间建立一对多或多对多的链接。例如，如果一个 METS 文档包含两个<structMap>元素，分别为纯逻辑结构和纯物理结构，<smLinkGrp>元素将提供一种方式，在表现逻辑实体（如一篇报纸文章）的<div>和组成逻辑实体、表现物理区域的多个<div>元素（如组成报纸文章页面区域的<div>元素）之间建立映射关系。

可以包含 | <smLocatorLink> | <smArcLink>

被包含于 | <structLink>

属性

ID：xsd:ID

ARCLINKORDER：| ordered | unordered

ARCLINKORDER：枚举型字符串，可选。ARCLINKORDER 用于表明 smLinkGrp 元素聚合的 smArcLink 元素的顺序是否重要。如果重要，应要给出“ordered”（有序）值。缺省值是“unordered”（无序）。注意 ARLINKORDER 属性没有 xlink 指定的意义。

A. 1. 34 <smLocatorLink>元素

minOccurs = "2" maxOccurs = "unbounded"

结构图定位器链接元素<smLocatorLink>为同一<smLinkGrp>的<smArcLink>元素指定的一个或多个链接的<div>元素提供标识。由<smLocatorLink>表现的<div>元素通过相关的 xlink:href 属性的 URI 来标识。xlink:hrefURI 的最低级别是引用标识相关<div>元素 ID 值的标识符片段。例如“xlink:href='#div20'”，“div20”是标识该 METS 文档相关<div>的 ID 值。<smLocatorLink>元素通常包括 xlink:label 属性，<smArcLink>元素会引用这些标签，建立 arc 链接的来源和去向。

被包含于 | <smLinkGrp>

属性

ID：xsd:ID

ID：可选，XML ID 值。

A.1.35 <smArcLink>元素

minOccurs = "1" maxOccurs = "unbounded"

被包含于 | <smLinkGrp>

属性

ID：xsd:ID

ID：可选，XML ID 值。

ARCTYPE：xsd:string

ARCTYPE 属性说明 arc 链接的 <div>元素之间的关系，以及该链接的目的或作用。它与 xlink:arcrole 属性类似，但数据类型是简单字符串。ARCTYPE 没有 xlink 指定的意义，而且当需要指定 arc 链接的作用或目的时，xlink:arcrole 应使用。

ADMID：xsd:IDREFS 可选

ADMID：可选，是本 METS 文档中与该文件相关的管理元数据的 XML ID 值的列表。

A.1.36 <behaviorSec>元素

type = "behaviorSecType" minOccurs = "0" maxOccurs = "unbounded"

可以包含 | <behaviorSec> | <behavior>

被包含于 | <mets> | <behaviorSec> | <behaviorSec>

属性

ID：xsd:ID 可选

ID：可选，XML ID 值。

CREATED：xsd:dateTime 可选

CREATED：可选，时间型，指明 behaviorSec 的创建时间。

LABEL：xsd:string 可选

LABEL：可选，字符串型，提供 behaviorSec 的文字描述。

A.1.37 <behavior>元素

type = "behaviorType" minOccurs = "0" maxOccurs = "unbounded"

可以包含 | <interfaceDef> | <mechanism>

被包含于 | <behaviorSec> | <behaviorSec>

属性

ID：xsd:ID 必备

ID：必备，XML ID 值。

STRUCTID：xsd:IDREFS 必备

STRUCTID：结构图标识符列表（Structural Map IDS）。

是指向METS 文档 structMap 中的某些节（sections）或部分（divs）的 IDREF 列表。STRUCTID 属性所指向的内容，被作为可执行行为（在 behavior 中定义）的"输入"。

BTYPE：xsd:string 可选

BTYPE：行为类型（Behavior Type）

可选，字符串，提供指定的一系列相关行为的标识符。

CREATED：xsd:dateTime 可选

CREATED：可选，时间型，指明 behavior 的创建日期。

LABEL：xsd:string 可选

LABEL：可选，字符串，提供 behavior 的描述。

GROUPID：xsd:string 可选

GROUPID：可选，字符串，提供一个标识符，用来建立 behavior 之间的联系。典型情形如表示 behavior 的版本情况。

ADMID：xsd:IDREFS 可选

ADMID：可选，列出 METS 文档中关于该 behavior 的所有管理元数据的 XML ID 值。

A.1.38 <interfaceDef>元素

type = "objectType" minOccurs = "0"

interfaceDef：接口定义对象（interface definition object）

接口定义元素包含指向一组相关行为（behaviors）的抽象定义的指针，这些抽象行为可以关联 METS 的内容。接口定义元素是指向另一对象（接口定义对象）的指针。接口定义对象可以是另一个 METS 对象或其他实体（如 WSDL 文件）。理想情况下，接口定义对象应该包含描述一组行为（behavior）或方法（method）的元数据，也可以包含描述行为（behavior）用途的文件，可能还有该接口定义用其他方式表述的文件。interfaceDef 元素是可选的，因为有时接口定义可以从 behavior 的 mechamism 元素中得到（参见 behaviorSec 的 mechanism 元素）。

被包含于 | <behavior>

属性

ID：xsd:ID 可选

ID：可选，XML ID 值。

LABEL：xsd:string 可选

LABEL：可选，字符串，提供被链接对象的描述。

attributeGroup ref:LOCATION

LOCTYPE：必备 | ARK | URN | URL | PURL | HANDLE | DOI | OTHER

LOCTYPE：定位器类型（Location Type）

定位器的类型，指向某文件，可取值如下：

URN：统一资源名称（Uniform Resource Name）。

URL：统一资源定位器（Uniform Resource Locator）。

PURL：永久 URL（Persistent URL）。

HANDLE：CNRI 句柄（CNRI Handle）。

DOI：DOI 标识符（数字对象标识符，A Digital Object Identifier）。

OTHER：上述不包括的其他类型指示器。

OTHERLOCTYPE：xsd:string 可选

OTHERLOCTYPE：可选，字符串，当 LOCTYPE 取值“OTHER”时，用于指明 LOCTYPE 的类型。

attributeGroup ref:xlink:simpleLink

A.1.39 <mechanism>元素

type = "objectType"

mechanism：可执行机制（executable mechanism）

mechanism 元素包含一个指针，此指针指向接口定义中行为的实现代码模块。mechanism 元素可能是指向另一对象（mechanism 对象）的指针。mechanism 对象可以是另一个 METS 对象或其他实体（如 WSDL 文件）。mechanism 对象应该包括可执行代码，可执行代码指针，或网络服务（如 web 服务）。

被包含于 | <behavior>

属性

ID：xsd:ID 可选

ID：可选，XML ID 值。

LABEL：xsd:string 可选

LABEL：可选，字符串，提供被链接对象的描述。

attributeGroup ref:LOCATION

LOCTYPE：必备 | ARK | URN | URL | PURL | HANDLE | DOI | OTHER

LOCTYPE：定位器类型（Location Type）

定位器的类型，指向某文件，可取值如下：

URN：统一资源名称（Uniform Resource Name）。

URL：统一资源定位器（Uniform Resource Locator）。

PURL：永久 URL（Persistent URL）。

HANDLE：CNRI 句柄（CNRI Handle）。

DOI：DOI 标识符（数字对象标识符，A Digital Object Identifier）。

OTHER：上述不包括的其他类型指示器。

OTHERLOCTYPE：xsd:string 可选

OTHERLOCTYPE：可选，字符串，当 LOCTYPE 取值“OTHER”时，用于指明 LOCTYPE 的类型。

attributeGroup ref:xlink:simpleLink

A.1.40 <mdRef>元素

minOccurs = "0"

mdRef：元数据引用（metadata reference）

mdRef 是 METS schema 的通用元素，用来提供指向 METS 文档之外的某元数据的指针。mdRef 是空元素。元数据的位置应记录在 xlink:href 属性中，如需要则辅以 XPTR 属性。

被包含于 | <dmdSec> | <techMD> | <rightsMD> | <sourceMD> | <digiprovMD>

属性

ID：xsd:ID 可选

ID：可选，XML ID 值。

MIMETYPE：xsd:string 可选

MIMETYPE：可选，字符串，提供被指向元数据的 MIME 类型。

LABEL：xsd:string 可选

LABEL：可选，字符串，为 METS 文档浏览者提供此元数据的标签。

XPTR：xsd:string 可选

XPTR：可选，字符串，提供 mdRef 元素所指向的文件的某内部位置的 xptr 指针。必要时使用。

attributeGroup ref:LOCATION

LOCTYPE：必备 | ARK | URN | URL | PURL | HANDLE | DOI | OTHER

LOCTYPE：定位器类型（Location Type）

定位器的类型，指向某文件，可取值如下：

URN：统一资源名称（Uniform Resource Name）。

URL：统一资源定位器（Uniform Resource Locator）。

PURL：永久 URL（Persistent URL）。

HANDLE：CNRI 句柄（CNRI Handle）。

DOI：DOI 标识符（数字对象标识符，A Digital Object Identifier）。

OTHER：上述不包括的其他类型指示器。

OTHERLOCTYPE：xsd:string 可选

OTHERLOCTYPE：可选，字符串，当 LOCTYPE 取值"OTHER"时，用于指明 LOCTYPE 的类型。

attributeGroup ref:xlink:simpleLink

attributeGroup ref:METADATA

MDTYPE：必备 | MARC | MODS | EAD | DC | NISOIMG | LC-AV | VRA | TEIHDR | DDI | FGDC | LOM | PREMIS | OTHER

MDTYPE：必备，指明所指的元数据类型（如 MARC、EAD 等），可取值如下：

MARC：任何形式的 MARC 记录。

MODS:元数据对象描述框架。

EAD:编码档案描述的检索工具（Finding aid）。

DC：都柏林核心元数据。

NISOIMG：NISO 数字静止图像的技术元数据（NISO Technical Metadata for Digital Still Images）。

LC-AV：美国国会图书馆"音视频原型系统"中定义的技术元数据。

VRA：可视资源协会核心（Visual Resources Association Core）。

TEIHDR:TEI 头（Text Encoding Initiative Header）。

DDI：数据文档倡议。

FGDC：联邦地理数据委员会元数据（Federal Geographic Data Committee metadata）。

OTHER：以上未涉及的元数据。

OTHERMDTYPE：xsd:string 可选

OTHERMDTYPE：其他元数据类型(Other Metadata Type)

可选字符串,记录此元素引用的特殊的元数据格式,当 MDTYPE 取值为“OTHER”时使用。

attributeGroup ref:LOCATION

LOCTYPE：必备 | ARK | URN | URL | PURL | HANDLE | DOI | OTHER

LOCTYPE：定位器类型(Location Type)

定位器的类型,指向某文件,可取值如下：

URN：统一资源名称(Uniform Resource Name)。

URL：统一资源定位器(Uniform Resource Locator)。

PURL：永久 URL(Persistent URL)。

HANDLE：CNRI 句柄(CNRI Handle)。

DOI：DOI 标识符(数字对象标识符,A Digital Object Identifier)。

OTHER：上述不包括的其他类型指示器。

OTHERLOCTYPE：xsd:string 可选

OTHERLOCTYPE：可选,字符串,当 LOCTYPE 取值“OTHER”时,用于指明 LOCTYPE 的类型。

attributeGroup ref:xlink:simpleLink

attributeGroup ref:METADATA

MDTYPE：必备 | MARC | MODS | EAD | DC | NISOIMG | LC-AV | VRA | TEIHDR | DDI | FGDC | LOM | PREMIS | OTHER

MDTYPE：必备,指明所指的元数据类型(如 MARC,EAD 等),可取值如下：

MARC：任何形式的 MARC 记录。

MODS:元数据对象描述框架。

EAD:编码档案描述的检索工具(Finding aid)。

DC：都柏林核心元数据。

NISOIMG：NISO 数字静止图像的技术元数据(NISO Technical Metadata for Digital Still Images)。

LC-AV：美国国会图书馆“音视频原型系统”中定义的技术元数据。

VRA：可视资源协会核心(Visual Resources Association Core)。

TEIHDR:TEI 头(Text Encoding Initiative Header)。

DDI：数据文档倡议。

FGDC：联邦地理数据委员会元数据(Federal Geographic Data Committee metadata)。

OTHER：以上未涉及的元数据。

OTHERMDTYPE：xsd:string 可选

OTHERMDTYPE：其他元数据类型(Other Metadata Type)

可选字符串,记录此元素引用的特殊的元数据格式,当 MDTYPE 取值为“OTHER”时使用。

A.1.41 <mdWrap>元素

minOccurs = "0"

mdWrap：元数据包装器（metadata wrapper）。

mdWrap 元素是贯穿 METS schema 的通用元素，以便在 METS 文档内允许编码器内置任何符合其他标准或 schema 的元数据。内置的元数据既可以用 XML 编码直接放在 mdWrap 元素内，也可以用 Base64 编码后放在子元素 binData 内。

可以包含 | <binData> | <xmlData>

被包含于 | <dmdSec> | <techMD> | <rightsMD> | <sourceMD> | <digiprovMD>

属性

ID：xsd:ID 可选

ID：可选，XML ID 值。

MIMETYPE：xsd:string 可选

MIMETYPE：可选，字符串，提供本元素包含的元数据的 MIME 类型。

LABEL：xsd:string 可选

LABEL：可选，字符串，为 METS 文档浏览者提供此元数据的标签。

attributeGroup ref:METADATA

MDTYPE：必备 | MARC | MODS | EAD | DC | NISOIMG | LC-AV | VRA | TEIHDR | DDI | FGDC | LOM | PREMIS | OTHER

MDTYPE：必备，指明所指的元数据类型（如 MARC，EAD 等），可取值如下：

MARC：任何形式的 MARC 记录。

MODS:元数据对象描述框架。

EAD:编码档案描述的检索工具（Finding aid）。

DC：都柏林核心元数据。

NISOIMG：NISO 数字静止图像的技术元数据（NISO Technical Metadata for Digital Still Images）。

LC-AV：美国国会图书馆“音视频原型系统”中定义的技术元数据。

VRA：可视资源协会核心（Visual Resources Association Core）。

TEIHDR:TEI 头（Text Encoding Initiative Header）。

DDI：数据文档倡议。

FGDC：联邦地理数据委员会元数据（Federal Geographic Data Committee metadata）。

OTHER：以上未涉及的元数据。

OTHERMDTYPE：xsd:string 可选

OTHERMDTYPE：其他元数据类型

可选字符串，记录此元素引用的特殊的元数据格式，当 MDTYPE 取值为“OTHER”时使用。

attributeGroup ref:METADATA

MDTYPE：必备 | MARC | MODS | EAD | DC | NISOIMG | LC-AV | VRA | TEIHDR | DDI | FGDC | LOM | PREMIS | OTHER

MDTYPE：必备，指明所指的元数据类型（如 MARC，EAD 等），可取值如下：

MARC：任何形式的 MARC 记录。

MODS:元数据对象描述框架。

EAD:编码档案描述的检索工具(Finding aid)。

DC:都柏林核心元数据。

NISOIMG:NISO 数字静止图像的技术元数据(NISO Technical Metadata for Digital Still Images)。

LC-AV:美国国会图书馆"音视频原型系统"中定义的技术元数据。

VRA:可视资源协会核心(Visual Resources Association Core)。

TEIHDR:TEI 头(Text Encoding Initiative Header)。

DDI:数据文档倡议。

FGDC:联邦地理数据委员会元数据(Federal Geographic Data Committee metadata)。

OTHER:以上未涉及的元数据。

OTHERMDTYPE:xsd:string 可选

OTHERMDTYPE:其他元数据类型(Other Metadata Type)

可选字符串,记录此元素引用的特殊的元数据格式,当 MDTYPE 取值为"OTHER"时使用。

A.1.42 <binData>元素

type="xsd:base64Binary" minOccurs="0"

binData:用以包容 BASE64 编码的元数据的包装器。

被包含于 | <mdWrap> | <FContent>

A.1.43 <xmlData>元素

minOccurs="0"

xmlData:用以包容 XML 编码的元数据的包装器。

被包含于 | <mdWrap> | <FContent>

A.1.44 <FLocat>元素

minOccurs="0" maxOccurs="unbounded"

FLocat:文件位置(File Location)。

FLocat 元素提供指向内容文件某位置的指针。它使用 XLink 语法,提供指向内容文件实际位置的链接信息,同时还有一些附加属性,附加说明链接信息。

注意:FLocat 是空元素,资源指向的位置应存放在 xlink:href 元素中。

被包含于 | <file> | <file>

属性

ID:xsd:ID 可选

ID:可选,XML ID 值。

USE:xsd:string 可选

USE:可选字符串,指明该引用文件的用途。

attributeGroup ref:LOCATION

LOCTYPE:必备 | ARK | URN | URL | PURL | HANDLE | DOI | OTHER

LOCTYPE:定位器类型(Location Type)

定位器的类型,指向某文件,可取值如下:

URN：统一资源名称（Uniform Resource Name）。

URL：统一资源定位器（Uniform Resource Locator）。

PURL：永久 URL（Persistent URL）。

HANDLE：CNRI 句柄（CNRI Handle）。

DOI：DOI 标识符（数字对象标识符，A Digital Object Identifier）。

OTHER：上述不包括的其他类型指示器。

OTHERLOCTYPE：xsd：string 可选

OTHERLOCTYPE：可选，字符串，当 LOCTYPE 取值“OTHER”时，用于指明 LOCTYPE 的类型。

attributeGroup ref：xlink：simpleLink

attributeGroup ref：LOCATION

LOCTYPE：必备 | ARK | URN | URL | PURL | HANDLE | DOI | OTHER

LOCTYPE：定位器类型（Location Type）

定位器的类型，指向某文件，可取值如下：

URN：统一资源名称（Uniform Resource Name）。

URL：统一资源定位器（Uniform Resource Locator）。

PURL：永久 URL（Persistent URL）。

HANDLE：CNRI 句柄（CNRI Handle）。

DOI：DOI 标识符（数字对象标识符，A Digital Object Identifier）。

OTHER：上述不包括的其他类型指示器。

OTHERLOCTYPE：xsd：string 可选

OTHERLOCTYPE：可选，字符串，当 LOCTYPE 取值“OTHER”时，用于指明 LOCTYPE 的类型。

attributeGroup ref：xlink：simpleLink

A. 1. 45 <FContent>元素

minOccurs = "0"

FContent：文件内容（file content）。

FContent 元素可把内容文件（a content file）放在 METS 文件内部。内容文件应是 BASE64 编码（用 binData 包装器子元素）或 XML 形式的（用 xmlData 包装器子元素）。

可以包含 | <binData> | <xmlData>

被包含于 | <file> | <file>

属性

ID：xsd：ID 可选

ID：可选，XML ID 值。

USE：xsd：string 可选

USE：可选字符串，指明内嵌文件的用途（如图像的主文件、参考文件、缩略图等）。

A. 1. 46 <binData>元素

type = "xsd：base64Binary" minOccurs = "0"

binData：用以包容 BASE64 编码的元数据的包装器。

被包含于 | < mdWrap > | < FContent >

A. 1. 47 < xmlData > 元素

minOccurs = "0"

xmlData：用以包容 XML 编码的元数据的包装器。

被包含于 | < mdWrap > | < FContent >

A. 1. 48 < stream > 元素

minOccurs = "0" maxOccurs = "unbounded"

stream：字节流(component byte stream)。

一个文件可以由一个或多个子字节流组成。比如,一个 MPEG4 文件,可包含独立的音频字节流和视频字节流,而每一个字节流都有与其关联的技术元数据。

被包含于 | < file > | < file >

属性

ID：xsd:ID 可选

ID：可选,XML ID 值。

streamType：xsd:string 可选

OWNERID：xsd:string 可选

OWNERID：可选,字符串,可用来提供文件的唯一标识符(包括 URI 在内),但可以与检索用的 URI 相异。

ADMID：xsd:IDREFS 可选

ADMID：可选,为 XML ID 属性值列表,对应于该文件在 METS 文档中的管理元数据。

DMDID：xsd:IDREFS 可选

DMDID：可选,为 XML ID 属性值列表,对应于该文件在 METS 文档中的描述元数据。

A. 1. 49 < transformFile > 元素

minOccurs = "0" maxOccurs = "unbounded"

被包含于 | < file > | < file >

属性

ID：xsd:ID 可选

ID：可选,XML ID 值。

TRANSFORMTYPE：必备 | decompression | decryption

TRANSFORMTYPE：文件转换的类型(该文件转换使文件易用,包括解压文件为多个文件/字节流)。

TRANSFORMALGORITHM：xsd:string 必备

TRANSFORMALGORITHM：字符串,描述对该文件解压或解密的例程。

TRANSFORMKEY：xsd:string 可选

TRANSFORMKEY：对文件内容进行转换的算法中使用的键。

TRANSFORMBEHAVIOR：xsd:IDREF 可选

TRANSFORMBEHAVIOR：指向该转换的 behavior 元素的 IDREF。

TRANSFORMORDER：xsd:positiveInteger 必备

A.1.50 <file>元素

type = "fileType" minOccurs = "0" maxOccurs = "unbounded"

可以包含 | <FLocat> | <FContent> | <stream> | <transformFile> | <file>

被包含于 | <fileGrp> | <fileGrp> | <file> | <file>

属性

ID：xsd:ID 必备

ID：必备，XML ID 值。

MIMETYPE：xsd:string 可选

MIMETYPE：可选，字符串，提供文件的 MIME 类型。

SEQ：xsd:int 可选

SEQ：可选，整型，指明本文件在其文件组中的序号。

SIZE：xsd:long 可选

SIZE：可选，长整型，指明文件的长度（字节数）。

CREATED：xsd:dateTime 可选

CREATED：可选，时间型，指明文件的创建时间。

CHECKSUM：xsd:string 可选

CHECKSUM：可选，字符串，提供内含文件的校验码。

CHECKSUMTYPE：可选 | HAVAL | HMACMD5 | SHA-1 | SHA-256 | SHA-384 | SHA-512 | TIGER | WHIRLPOOL

CHECKSUMTYPE：可选，指明产生 CHECHSNM 校验值的校验算法。可取值如下：

HAVAL

HMACMD5

SHA-1

SHA-256

SHA-384

SHA-512

TIGER

WHIRLPOOL

OWNERID：xsd:string 可选

OWNERID：可选，字符串，为文件提供唯一标识符（包括 URI），可以不同于用于检索该文件的 URI。

ADMID：xsd:IDREFS 可选

ADMID：可选，是本 METS 文档中与该文件相关的管理元数据的 XML ID 值的列表。

DMDID：xsd:IDREFS 可选

DMDID：是本 METS 文档中与该文件相关的描述元数据的 XML ID 值的列表。

GROUPID：xsd:string 可选

GROUPID：可选，字符串。是一个标识符，用于在本文件与其他文件组中的文件建立联系。比如，某文件组的主图像文件和第二个文件组中的引用副本文件，并和第三个文件组中的缩略图文件可以具有同一个 GROUPID。

USE：xsd:string 可选

USE：可选，字符串，指明该文件的用途（如图像的主文件、参考文件、缩略图等）。

A.2 复合类型

A.2.1 复合类型 metsType

属于此类型的元素 | <mets>

mets 复合类型（mets Complex Type）。

一个 METS 文档由七个子节（sections）构成：metsHdr（METS 文档头），dmdSec（描述元数据节），amdSec（管理元数据节），fileGrp（文件组），structLink（结构图链接），structMap（结构图）和 behaviorSec（行为节）。

可以包含 | <metsHdr> | <dmdSec> | <amdSec> | <fileSec> | <structMap> | <structLink> | <behaviorSec>

属性

ID：xsd:ID 可选

ID：可选，XML ID 值。

OBJID：xsd:string 可选

OBJID：可选，记录赋予 METS 文档的根标识符。

LABEL：xsd:string 可选

LABEL：可选，提供为用户标识该文档的标题/文本。

TYPE：xsd:string 可选

TYPE：可选字符串，描述对象的类型，如图书、杂志、立体照片等。

PROFILE：xsd:string 可选

PROFILE：可选，提供本 METS 文档遵循的应用纲要的 URI 或其他标识符。

A.2.2 复合类型 amdSecType

属于此类型的元素 | <amdSec>

amdSecType：管理元数据的复合类型（Complex Type for Administrative Metadata）。

管理元数据节可以包含以下四个子节：techMD（文本/图像/音频/视频文件的技术元数据）、rightsMD（知识产权元数据）、sourceMD（模拟/数字资源元数据）和 digiprovMD（数字起源元数据，即把数字对象从原始获取 /编码文件进行移植/转换的历史）。

可以包含 | <techMD> | <rightsMD> | <sourceMD> | <digiprovMD>

属性

ID：xsd:ID 可选

ID：可选，XML ID 值。

A.2.3 复合类型 fileGrpType

属于此类型的元素 | <fileGrp> | <fileGrp>

fileGrp：文件组（File Group）。

文件组把构成一个数字对象的所有文件按层次关系聚合在一起（fileGrp 通过递归定义构建层次关系），文件组可以包含任意数目的文件元素。文件元素则依次包含一个或多个 FLocat 元素（指向该对象内容的文件指针）与/或 FContent 元素（以 XML 或 Base64 编码的文件内容）。

可以包含 | <fileGrp> | <file>

属性

ID：xsd:ID 可选

ID：可选，XML ID 值。

VERSDATE：xsd:dateTime 可选

VERSDATE：可选，时间型，指明数字对象的此版本/文件组的创建时间。

ADMID：xsd:IDREFS 可选

ADMID：可选，指明该 METS 文档中此文件组内所有文件对应的管理元数据节的 XML ID 值列表。

USE：xsd:string 可选

USE：可选，字符串，指明本文件组内所有文件的用途（如图像的主文件、参考文件、缩略图等）。

A.2.4 复合类型 structMapType

属于此类型的元素 | <structMap>

结构图复合类型（structMap Complex Type）。

结构图（structMap）使用一系列嵌套的 DIV 元素，勾划出被编码原始对象的层次结构。

可以包含 | <div>

属性

ID：xsd:ID 可选

ID：可选，XML ID 值。

TYPE：xsd:string 可选

TYPE：可选，字符串。指明结构图的类型，典型值是“PHYSICAL”和“LOGICAL”。PHYSICAL 描述了原始作品的物理组成，如一篇论文的连续页；而 LOGICAL 则描述了作品的知识结构，如一篇论文有目录、前言、章节、索引等。

LABEL：xsd:string 可选

LABEL：可选，字符串。用于为用户描述 stuctMap。类似物理结构图和逻辑结构图同时存在的情况，当一个对象有多个 stuctMap（结构图）时很有用。

A.2.5 复合类型 divType

属于此类型的元素 | <div> | <div>

Div 复合类型（Div Complex Type）

METS 标准用一串嵌套的 div 元素使文档结构化，形成层次。例如，书由章节组成，章节由子章节组成，子章节由文本组成。结构图层次结构中的每一个 div 节点，都可以通过子元素 mptr 或子元素 fptr，关联其对应的内容文件。

关于 DIV 属性值的特别提示：

为了区别 <div> 元素中 ORDER、ORDERLABEL 和 LABEL 属性含义，举例如下：一个文本，前 10 页由罗马数字标识，后 10 页由阿拉伯数字标识，页码为 iii 的 ORDER 值为“3”，ORDERLABEL 为“iii”，LABEL 为“Page iii”，而页码为 3 的 ORDER 值为“13”，ORDERLABEL 为“3”，LABEL 为“PAGE 3”。

可以包含 | <mptr> | <fptr> | <div>

属性

ID：xsd:ID 可选

ID：可选，XML ID 值。

ORDER：xsd:integer 可选

ORDER：可选，整型，表示 div 在其家族成员中的序号（如序列号）。

ORDERLABEL：xsd:string 可选

ORDERLABEL：可选字符串，表示 div 在其家族成员中的次序（如“xii”）。可以不是整型数据，还可以是某种本地序数系统的序号。但是 ORDERLABEL 应该可被机读操作（比如支持页码的“go to”定位功能）。它不应替代 LABEL 属性。

LABEL：xsd:string 可选

LABEL：可选，字符串标签，为浏览该文档的最终用户描述该 div，作为目录。（注意：div 标签应该专门对应它在结构图中的层次。以一本多章节的书为例，书的 divLABEL 应该是书的标题，章节的 div LABEL 应该是章节标题，而不是书的标题加上章节标题。）

DMDID：xsd:IDREFS 可选

DMDID：可选，为 XML ID 值列表，指向此 div 在 METS 文档内的描述元数据。

ADMID：xsd:IDREFS 可选

ADMID：可选，为 XML ID 值列表，指向此 div 在 METS 文档内的管理元数据。

TYPE：xsd:string 可选

TYPE：可选，字符串，指明 div 的类型（如章节、文章、页等）。

CONTENTIDS：URIs 可选

CONTENTIDS：此 division 的 ContentID（等同于 DIDL DII）。

：xlink:label

xlink:label-被 smLink 元素引用的 xlink label。

A.2.6 复合类型 parType

属于此类型的元素 | <par> | <par>

par 元素聚合指向文件、文件某部分与/或文件或其部分序列的指针，这些文件应同时播放或显示，以表现 <fptr> 元素表现的一块数字内容。

可以包含 | <area> | <seq>

属性

ID：xsd:ID 可选

ID：可选，XML ID 值。

A.2.7 复合类型 seqType

属于此类型的元素 | <seq> | <seq>

seq：文件顺序（Sequence of files）。

seq 元素用于把一个 div 与一组内容文件联系起来，而且这些文件应该顺序地传送给用户。seq 元素中的 <area> 子元素则提供到文件或其中某部分的链接。

可以包含 | <area> | <par>

属性

ID：xsd:ID 可选

ID：可选，XML ID 值。

A.2.8 复合类型 areaType

属于此类型的元素 | <area> | <area> | <area>

areaType：Complex Type for Area linking

area 元素可为 div 元素及其对应的内容文件（文本，图像，音频，视频文件）之间建立比较复杂的链接。area 元素可以把 div 链接到文件的某一个点，既可以是文件的一维片段（如文本屏、直线图像，音/视频剪辑），也可以是文件的二维片段（如图像子区域、视频文件的一部分）。area 元素没有内容，所有信息均记录在各种属性中。

属性

ID：xsd:ID 可选

ID：可选，XML ID 值。

FILEID：xsd:IDREF 必备

FILEID：该 div 所指文件元素的强制 IDREF。

SHAPE：可选 | RECT | CIRCLE | POLY

SHAPE：可选，字符串，它定义了一个二维区域的形状，此区域在一个被链接的内容文件中被引用。可取值如下：

RECT：长方形区域

CIRCLE：圆形区域

POLY：不规则多边形

SHAPE 属性的使用方式应该类似于 HTML4 中的用法。

COORDS：xsd:string 可选

COORDS：可选，字符串，列出图像（静态图像或视频帧）的一组可视坐标，COORDS 属性的使用方式应该类似 HTML4 中的用法。

BEGIN：xsd:string 可选

BEGIN：可选，字符串，标明被引用文件中某部分的起始位置，与 END 属性配对使用。

END：xsd:string 可选

END：可选，字符串，标明被引用文件中某部分的结束位置，与 BEGIN 属性配对使用。

BETYPE：可选 | BYTE | IDREF | SMIL | MIDI | SMPTE -25 | SMPTE -24 | SMPTE-DF30 | SMPTE-NDF30 | SMPTE-DF29.97 | SMPTE-NDF29.97 | TIME | TCF

BETYPE：起始/结束类型(Begin/End Type)

可选，指明 BEGIN 和 END 属性值的语法，可取值包含但不限于以下值：

BYTE：字节偏移量。

IDREF：内容文件中某元素的 XML ID 值。

SMIL：SMIL 格式的时间值。

MIDI：MIDI 格式的时间值。

SMPTE -25：每秒 25 帧素材的 SMPTE 时间码。

SMPTE -24：每秒 24 帧素材的 SMPTE 时间码。

SMPTE-DF30：每秒 30 帧丢帧素材的 SMPTE 时间码。

SMPTE-NDF30：每秒 30 帧非丢帧素材的 SMPTE 时间码。

SMPTE-DF29.97：每秒 29.97 帧丢帧素材的 SMPTE 时间码。

SMPTE-NDF29.97：每秒 29.97 帧非丢帧素材的 SMPTE 时间码。

TIME：简单时间代码，形如 HH:MM:SS。

TCF：时间码字符格式值。

EXTENT：xsd:string 可选

EXTENT：可选，字符串，标明 area 元素所指向片断的时长。

EXTTYPE：可选 | BYTE | SMIL | MIDI | SMPTE -25 | SMPTE -24 | SMPTE-DF30 | SMPTE-NDF30 | SMPTE-DF29.97 | SMPTE-NDF29.97 | TIME | TCF

EXTTYPE：扩展类型(Extent Type)

可选，指明 EXTENT 属性值的语法，参见 BETYPE 的取值描述部分。

ADMID：xsd:IDREFS 可选

ADMID：可选，为 XMD ID 值的列表，指向本 METS 文档中与此 AREA 相关的所有管理元数据节。

CONTENTIDS：URIs 可选

CONTENTIDS：此 division 的 ContentID(等同于 DIDL DII)。

A.2.9 复合类型 structLinkType

属于此类型的元素 | <structLink>

structLink：结构图链接(Structural Map Linking)。

结构图链接节，描述了结构图所示的 METS 结构内不同组件之间的超链接规范。structLink 只包含一个可重复元素 smLink。每个 structLink 元素可表示结构图的两个节点之间存在一个超链接。smLink 内的结构图节点用其 XML ID 属性值标识。

可以包含 | <smLink> | <smLinkGrp>

属性

ID：xsd:ID 可选

ID：可选，XML ID 值。

A.2.10 复合类型 behaviorSecType

属于此类型的元素 | <behaviorSec> | <behaviorSec>

behaviorSecType：行为节(Behaviors Section)

行为(Behaviors)是可执行代码，可与 METS 对象的某部分相关联。behaviorSec 元素用于把某种层次内的一个个行为划分成组。当行为需要按群族归类或特定行为之间存在某种关系时，上述分组的方式就会发挥作用。

可以包含 | <behaviorSec> | <behavior>

属性

ID：xsd:ID 可选

ID：可选，XML ID 值。

CREATED：xsd:dateTime 可选

CREATED：可选，时间型，指明 behaviorSec 的创建时间。

LABEL：xsd:string 可选

LABEL：可选，字符串型，提供 behaviorSec 的文字描述。

A.2.11 复合类型 behaviorType

属于此类型的元素 | <behavior>

behaviorType：行为复合类型(Complex Type for Behaviors)。

behavior 用来把可执行的行为与其 METS 对象内容进行关联。behavior 元素有一个接口定义元素，它抽象定义了一系列行为，并用一个特定的行为(behavior)表示。behavior 元素还有一个行为机制模块(behavior mechanism)，它是可执行代码模块，可执行接口定义中已抽象定义的行为(behavior)。

可以包含 | <interfaceDef> | <mechanism>

属性

ID：xsd:ID 必备

ID：必备，XML ID 值。

STRUCTID：xsd:IDREFS 必备

STRUCTID：结构图标识符列表(Structural Map IDS)

是指向METS 文档 structMap 中的某些节(sections)或部分(divs)的 IDREF 列表。STRUCTID 属性所指向的内容，被作为可执行行为(在 behavior 中定义)的“输入”。

BTYPE：xsd:string 可选

BTYPE：行为类型(Behavior Type)

可选，字符串，提供指定的一系列相关行为的标识符。

CREATED：xsd:dateTime 可选

CREATED：可选，时间型，指明 behavior 的创建日期。

LABEL：xsd:string 可选

LABEL：可选，字符串，提供 behavior 的描述。

GROUPID：xsd:string 可选

GROUPID：可选，字符串，提供一个标识符，用来建立 behavior 之间的联系。典型情形如表示 behavior 的版本情况。

ADMID：xsd:IDREFS 可选

ADMID：可选，列出 METS 文档中关于该 behavior 的所有管理元数据的 XML ID 值。

A.2.12 复合类型 objectType

属于此类型的元素 | <interfaceDef> | <mechanism>

属性

ID：xsd:ID 可选

ID：可选，XML ID 值。

LABEL：xsd:string 可选

LABEL：可选，字符串，提供被链接的对象的描述。

attributeGroup ref:LOCATION

LOCTYPE：必备 | ARK | URN | URL | PURL | HANDLE | DOI | OTHER

LOCTYPE：定位器类型(Location Type)

定位器的类型，指向某文件，可取值如下：

URN：统一资源名称(Uniform Resource Name)。

URL：统一资源定位器(Uniform Resource Locator)。

PURL：永久 URL(Persistent URL)。

HANDLE：CNRI 句柄(CNRI Handle)。

DOI：DOI 标识符(数字对象标识符，A Digital Object Identifier)。

OTHER：上述不包括的其他类型指示器。

OTHERLOCTYPE：xsd:string 可选

OTHERLOCTYPE：可选，字符串，当 LOCTYPE 取值“OTHER”时，用于指明 LOCTYPE 的类型。

attributeGroup ref:xlink:simpleLink

A.2.13 复合类型 mdSecType

属于此类型的元素 | <dmdSec> | <techMD> | <rightsMD> | <sourceMD> | <digiprovMD>

元数据节复合类型(mdSec Complex Type)

METS 文档里指向/包含元数据的通用框架(以 Warwick 框架的方式)。

可以包含 | <mdRef> | <mdWrap>

属性

ID：xsd:ID 必备

ID：必备，XML ID 值。

GROUPID：xsd:string 可选

GROUPID：可选字符串，为组的标识符，用于表示不同的元数据节同属一个组。两个 GROUPID 值相同的元数据节同属一组。比如，把同一个元数据的不同版本划为一组，即可将元数据的早期版本记录在文件中，从而跟踪其变化情况。

ADMID：xsd:IDREFS 可选

ADMID：可选，记录该描述元数据（或管理元数据）的管理元数据的 XML ID 值。典型用法是指向该元数据的保存元数据。

CREATED：xsd:dateTime 可选

CREATED：可选，时间型，指明创建该元数据的日期和时间。

STATUS：xsd:string 可选

STATUS：可选，字符串，指明该元数据的状态（如过期、正在使用等）。

A.2.14 复合类型 fileType

属于此类型的元素 | <file> | <file>

file：文件元素（File element）。

file 元素为 METS 对象存取内容文件。一个文件元素可包含一个或多个 FLocat 元素（内容文件指针）与/或一个 FContent 元素（该文件的编码版本）。注意：同一个文件所有的 FLocat 和 FContent 元素应该标识/包含那个文件的同一个拷贝。

可以包含 | <FLocat> | <FContent> | <stream> | <transformFile> | <file>

属性

ID：xsd:ID 必备

ID：必备，XML ID 值。

MIMETYPE：xsd:string 可选

MIMETYPE：可选字符串，提供文件的 MIME 类型。

SEQ：xsd:int 可选

SEQ：可选，整型，指明本文件在其文件组中的序号。

SIZE：xsd:long 可选

SIZE：可选，长整型，指明文件的长度（字节数）。

CREATED：xsd:dateTime 可选

CREATED：可选，时间型，指明文件的创建时间。

CHECKSUM：xsd:string 可选

CHECKSUM：可选，字符串，提供内含文件的校验码。

CHECKSUMTYPE：可选 | HAVAL | HMACMD5 | SHA－1 | SHA－256 | SHA－384 | SHA－512 | TIGER | WHIRLPOOL

CHECKSUMTYPE：可选，指明产生 CHECHSNM 校验值的校验算法。可取值如下：

HAVAL

HMACMD5

SHA－1

SHA－256

SHA－384

SHA－512

TIGER

WHIRLPOOL

OWNERID：xsd:string 可选

OWNERID：可选，字符串，为文件提供唯一标识符（包括 URI），可以不同于用于检索该文件的 URI。

ADMID：xsd:IDREFS 可选

ADMID：可选，是本 METS 文档中与该文件相关的管理元数据的 XML ID 值的列表。

DMDID：xsd:IDREFS 可选

DMDID：是本 METS 文档中与该文件相关的描述元数据的 XML ID 值的列表。

GROUPID：xsd:string 可选

GROUPID：可选，字符串。是一个标识符，用于在本文件与其他文件组中的文件建立联系。比如，某文件组的主图像文件和第二个文件组中的引用副本文件，并和第三个文件组中的缩略图文件可以具有同一个 GROUPID。

USE：xsd:string 可选

USE：可选，字符串，指明该文件的用途（如图像的主文件、参考文件、缩略图等）。

参考文献

[1] ISO 14721 Space data and information transfer systems--Open archival information system (OAIS)--Reference model (ISO 14721:2012)

[2] Digital Library Federation. Metadata Encoding and Transmission Standard: Primer and Reference Manual, Version 1.6 Revised 2010-4 [M/OL]. [2012-02-29]. http://www.loc.gov/standards/mets/METSPrimerRevised.pdf

[3] METS Schema 1.9 Documentation [EB/OL]. [2014-03-11]. http://www.loc.gov/standards/mets/docs/mets.v1-9.html

ISBN 978-7-5013-5749-9

9 787501 357499 >

定价：60.00 元